戦争を越える民主主義

―日本・イタリアにおける運動と熟議のデモクラシー―

石田憲

有志舎

戦争を越える民主主義

——日本・イタリアにおける運動と熟議のデモクラシー

《目次》

凡例

1　注のつけ方については以下の文献を参考にしている。The MLA Style Sheet, 2nd ed. (New York: MLA, 1970). このため、雑誌論文については「p.」「S.」「頁」などをつけず、一般著書と区別している。

2　本文中の日本語引用で正字、旧仮名遣いなどで書かれていたものは、原則として新字、現在の表記に改めている。引用文中の［　］は引用者の補足である。

3　歴史用語として定着している表現は、いくつかの例外をのぞき「　」をつけずに表記する。外国の地名については、日本で一般化したものは通例の表記を使用し、なじみの少ないものに関してのみローマ字表記を（　）に入れて示す。

はじめに

本書は、『戦後憲法を作った人々――日本とイタリアにおけるラディカルな民主主義』（有志舎、二〇一九年）の続編である。また、広い意味では『敗戦から憲法へ――日独伊 憲法制定の比較政治史』（岩波書店、二〇〇九年）と三部作を構成している。『戦後憲法を作った人々』では、憲法を作った経緯に力点がおかれ、戦前から戦後にかけての新憲法生成過程を高野岩三郎とウンベルト・テッラチーニ（Umberto Terracini）の二人を中心に論じていった。他方、『敗戦から憲法へ』では、日独伊三国の憲法制定の政治史的展開を比較分析しており、より広い文脈から新憲法の意味を位置づけようとした。

先行研究の視点を補うべく、本書はテッラチーニが戦後民主主義の出発点としたオッソラ共和国（Repubblica dell'Ossola）の協力者たち五名、高野とともに憲法草案作成に携わった残りの憲法研究会メンバー六名を取りあげ論じていく。これにより、第二次世界大戦でかろうじて生き残ったデモクラシー運動の流れがどのように戦後へ向けて活動を再開していったか、を考究する。とりわけ、ある特定の個人がリーダーシップをふるって、戦後の民主主義を築いたといった英雄・成功物語ではない、開かれた熟議を通じた運動としてのデモクラシーに着目した。実は、登場する人物たちも、最初から相互の人的ネットワークをもっていたわけではなく、個人的つきあいから協働したというより、むしろ広い思想・政治的領域における接点から、戦前の体制克服、民主化の針路に合流していった。

また、『敗戦から憲法へ』では日本になじみの深い日独比較へ配慮していたが、日伊比較を論点の中心として再検討し始めたのが『戦後憲法を作った人々』であった。それをさらに長いタイムスパンから深めたのが本書の特徴である。明治維新とリソルジメント（イタリア統一運動）の時代からデモクラシー運動と緊張関係にあった君主制の比較を行ない、第一次世界大戦後に共和制へ移行したドイツとは違う日伊両国の類似性を第一章では重視した。女性労働に依存した繊維産業がなお大きなウエイトを占めていた農業社会の両国が、国民国家形成の途上に背伸びをした海外膨張へ傾斜していった推移は、専制的体制の勃興と共和主義への対応に特異な性格を付与した。本書は、こうした下部構造に特化した戦後マルクス主義史学の解釈とも距離をおく一方で、政治文化論に偏重した日伊両国の独自性を強調する説明とも一線を画し、政治的枠組みから君主制やデモクラシー運動を見るよう心がけている。

　第二次世界大戦という未曾有な殺戮と破壊へ向かう暴力の支配する状況に対して、民主主義は一見、非力に映ってしまう。しかし、第二、三章それぞれで注目したのは、戦いを選択したイタリア・パルチザンの場合も、国内での抵抗をほとんど経験しなかった日本も、戦争の問題をデモクラシー運動の中で勘案することで、未来の民主主義社会を描き出そうとした点である。凄惨なイタリア人同士の殺し合いがやまぬ際、パルチザンは自分たちとファシストが同じではないという原則を明示しなければ、報復の連鎖から抜け出られなかった。日本においては共和主義、民主主義といった言葉さえ禁じられていく抑圧の下で、戦争こそが苛烈な支配の原因であると、一五年におよぶ戦時体制の総括が行なわれた。だからこそ両国にとって、熟議への道に向かう「戦争を越える民主主義」というテーマが重要になったのである。

　日伊両国は反共主義という戦後に席巻する冷戦の二項対立を戦前から醸成しており、それが戦前抑圧体制の思想的淵源を形作った。しかも体制末期になると、一旦は民主主義攻撃に利用されていた自由主義も「アカ」であると烙印を押され、全体主義的体制の強化が図られる。そうした友敵関係の構図は、本来なら味方同士の集団内にも適用され、日本の労働運動における少数派の徹底排除や組織内の同質化を招いたり、イタリア・パルチザン内部での権力闘争にもつながっていく。さらに、戦後ほどなく前体制の復活を示すかのような逆コースが両国の政治日程にのぼり、前体制に抑圧されていたはずの人間が「共産主義の手先」を攻撃し始めるという歪んだ反復行動に陥った。本書はそうした戦前からの両極分解がどのように、なぜ生じていったのか、直截の形ではないが検討しており、戦後の民主化を通じて、その克服がどのように試みられたかについても若干の考察を加えている。それは必ずしも制度的に解決可能なものへ結びつかないとしても、理想の追求であれ、反面教師であれ、将来の試金石になると期待したい。

何となれば、民主主義が独裁や戦争を生み出す危険はつとに語られてきているが、熟議型討議は抑圧体制の対極に位置している。換言すれば、他者との相違を前提として、すべての構成員が合意するまで議論を尽くすという姿勢は、政府にとって不都合なものを排除して敵対図式に還元する方向と真逆である。そして、戦争という非常事態の中では寛容が姿を消すだけに、戦中・戦争直後における少数者の視点確保は熟議の前提となる。少数者とは、国内における女性、あるいは異端視される「アカ」、さらには植民地における現地住民もふくまれる。新憲法制定過程では、こうした熟議型のコンセンサスがもっとも必要であったが、日本とイタリアにおける実際の場面では、少数者が必ずしも尊重されたわけではない。本書は不十分ながら、戦後における新たな合意形成の試みに着目し、排除から参加へと転換する可能性も読みとれれば、と考えている。

また、日伊両国の共通点を洗い出し、その比較分析を行なえば、逆に厳然たる相違点も明らかとなるはずである。しかし第三章は、日本で抵抗運動が存在しなかったという帰結ばかりの言及に終わらせないため、戦前におけるデモクラシー運動へも紙幅を費やし、同時に朝鮮半島の植民地支配とも対比しながら、イタリアとは異なるコンフォーミズム（体制順応主義）の成立理由・経緯を検討する。[*1] 類似した反共主義を日伊両国が抱えていたとしても、その顕現の仕方には違いが見られた。とりわけ内向き、排他主義に陥った日本と、ヨーロッパの隣接地域から影響を受け続けてきたイタリアの間で、思想・政治の熟議度合いは自ずと異なっていた。日本にもイタリアほどではなかったにせよ、労働運動、左派政党が存在しながら、戦前・戦後一貫して画一主義に打ち克てなかった原因を究明することは喫緊の課題となろう。

本書が日伊両国にとって「特殊ケース」とも見なされ得る憲法研究会とオッソラ共和国に焦点を絞ったのは、民主化へ向けてそれぞれの運動が試みられたという理由に留まらず、両例が熟議型デモクラシーの一つの態様を示したからである。しかも、リーダーシップ論から遠ざかってなお、各局面で活躍した一一名の諸群像は、当時の日本とイタリアにおいて自由を志向する稀有な存在として注目に値した。それぞれの個性が民主主義に関し別途行動を続けながら、結果として戦前・戦中・戦後のデモクラシー運動へ収斂していく推移は、当時の厳しい弾圧下で奇跡と捉えられるような展開であった。それは偶然の例外事象ではなく、戦後の憲法に重要な影響をもたらし、国際的にも評価される普遍性を担保している。まさに、こうした様々な共通性を意識しつつ、特異性を分析することが本論の主たる流れとなる。

以上、簡単に紹介した論旨がどの程度これまでの議論を補完できるかは、読者の判断に委ねられるが、戦争を越えて活動を再開したデモクラシー運動の細い糸をたぐりよせて、戦後の新たな出発を遂げた日伊両国の実相に少しでも迫れたら幸いである。それは、民主主義の根幹に関わる虐げられた人々への支援と少数者の権利保障を、自由が守られた主体的な参加の中で実現していく営みと一致する。立憲主義的な制度設計のためにも、民主主義的な思想と原則の確立が、どのような形で戦前からの継続や断絶と結びついたのかを、本書は改めて問いかける。統合が強制的同質化に結びつかず、参加がコンフォーミズムに堕していかない、運動と熟議のデモクラシーこそ戦争を越える契機となろう。

第一章　戦前の君主制をめぐる日伊比較

1　政治と比較に見る君主制

(1)　日伊君主制の特殊性論

イタリアと日本の戦前から戦後への流れを比較すると、決定的な違いとして指摘されるのは、抵抗運動とりわけパルチザン闘争の有無である。同時にこれは、第二、三章でそれぞれ論じるオッソラ共和国と憲法研究会に関しても、イタリアと日本の圧倒的な違いを現出させる。だからこそ本章はその原因について、両君主制の比較を通じ予め考察しておく意味を有する。ただ、オッソラ共和国は、サヴォイア王家の中心地ピエモンテに属する地域でありながら君主制の問題がほとんど俎上にのらず、逆に象徴天皇制という画期的な提言をなした憲法研究会の構成メンバーの大半が結局、戦前の体制を焼き直すような言動を示すようになっていく両極の対応を目のあたりにする。この点、本章の叙述は上記疑問への回答を端的に出すというより、両国の特徴を政治構造の視座から予備的に分析したい。

他方、二つの君主制がまったく異なる経緯を辿ったのは、それぞれの文化的特殊性に還元されてしまいがちである。ところが、日伊両国を憲法体制として対比すれば、多くの共通点を見いだすことが可能となる。戦前の欽定憲法はともに一度も改正されたことはなく、君主が条文上も神聖にして侵すべからざる存在として規定されている。それは君主無答責という共通の保護形態が担保される一方、憲法の柔軟性が事実上の解釈改憲を可能にして、立憲君主制を支えていたと考えられる。そして、大臣が議会よりも君主に対して責任を負う見方に加えて、統帥大権によって軍の君主に対する忠誠が紡ぎ出されていた。[*2] 後発の統一国民国家・帝国主義参入勢力として日本とイタリアが第二次世界大戦へ向かっていった過程を、両国の憲法体制と対外政策をめぐる国王の主導性とどのように関連づけるかは重要な課題となる。

こうした一連の共通点を意識しつつ、どのような相違点が存在し、それがいかなる形で両国の歩みを異なるものにしたのか、本章では検討していきたい。ただし、日本では必ずしも知られていないイタリアの状況を中心に論じながら、これと対照的な日本の事例を取りあげていくため、通常日本史の文脈では必ずしも主要事件と見なされてこなかった問題も浮上する。無論、比較の視角が日本近現代史にまったく新しい見解を提供できるとは限らないが、天皇制の論点が日本固有の特異性にばかり集約されてしまう潮流へ再考を促せられれば幸いである。同様に、このやり方がイタリアについても、その地域性に特化した説明で、ヨーロッパ内の例外事象あるいは特殊性論に向かいがちな状況の見直しにつながるかと期待している。文化決定論が一見歴史に根ざした議論と認識されながら、超歴史的な基底要因となってしまう点に鑑み、本章では編年的な因果連関に特化した叙述を避け、日伊両国の特徴が顕在化する事象へピンポイントに絞り込んだ討究を試みる。

(2) 比較における注目点

それでは、どのような視座から君主制を捉えるのが、比較を有効な分析方法として設定可能だろうか。そもそも政治体制の側面から君主制を直接対象とする著作は多くない。それは宮廷という閉ざされた空間の側近政治に起因するばかりでなく、近代以降の立憲君主制において君主無問責の原則が採用されたため、後に政治責任を問われるような証拠を残さない努力がなされていた。とりわけ本章の後半で論じる第二次世界大戦期については、開戦原因が宮廷に帰さないよう秘密重視の傾向が強まった。事実、イタリア国王ヴィットーリオ・エマヌエーレ三世は閣僚へ手紙を書いたことがなかったという証言も見受けられる。[*3] こうした史料状況では君主と関わっていた政治家、軍人などの日記、回顧録に依拠して、政治的位置づけをせざるを得ない。逆に、少ない情報の中で比較分析を加えれば、その特徴が際立とう。

君主制という面を除いても日伊両国の政治を比較する場合、どこに引照基準を設定するかが重要課題となる。リーダーシップ論に着目すれば、本章にも登場する重要政治家たちを並列させていけるが、そうなると体制の特性なのか、個人の特性による共通・相違点なのかが不明瞭になってしまう。[*4] 近代国民国家形成期における三代の君主を日伊それぞれで比較する方法も考えられるが、その叙述自体が戦前の通史的性格を帯びてしまう。ゆえに本章では、立憲主義の政治構造に着目し、憲法秩序の変遷とそれをめぐる捉え方が考察の中心となる。とくに戦前君主政解体の契機となった第二次世界大戦をクライマックスとする推移を検討して、それに連らなっていく戦争をめぐる論点へ収斂させたい。

トピックを比較するとしても様々な接近法のうち、本書のテーマである戦争を越える民主主義の可能性と、逆にそれを抑圧する体制との緊張状態に鑑みて、理念的方向性と現実的政治選択の相互関係を吟味する。すなわち、軍事予算に関する君主と議会、共和主義と民主主義に対峙する君主主義、ファシズム・軍国主義に直面した立憲君主制、戦争回避・開戦・終結をめぐる君主の対応から、解体していく戦前の王政に関連するトピックを比較の視座から取りあげていきたい。それは立憲主義や民主主義を完全に無視して戦争を遂行できなかった裏返しで、必ずしも両者の間に完全な整合性が担保されていたわけではなかった。すなわち、議会制度の下における政党政治が民主主義の根幹を腐食させてしまう危険が存在するのと同様に、君主政治の維持・強化のために立憲主義が利用される状況も出現する。また、憲法に基づく政治制度は特定の事件だけで一気に崩壊するものではなかったが、徐々にその実質は換骨奪胎されていった。そうした長いタイムスパンでの変化を検証するのに、比較は文化決定論に陥りにくい分析方法といえよう。

2　リソルジメントと明治維新

(1)　軍と君主の関係

イタリアの国民国家形成は、サヴォイア王家が戦士の王朝として軍事的併合を成し遂げた側面も強かった。興国の祖ヴィットーリオ・エマヌエーレ二世（Vittorio Emanuele II）は、統一国家初代国王になってもサルデーニャ王国からの称号を使い続け、イタリア統治には銃剣と賄賂が必要と述べていた。[*5] 孫のヴィットーリオ・エマヌエーレ三世（Vittorio Emanuele III）の時代になっても、なお「基本的に、ある国が有する真の伝統というのは、軍事的なものこそ最重要である。ダンテ・アリギエーリではなく、銃剣こそイタリアをもたらした」と語っている。[*6] 明治維新で薩長土肥の軍事的に強力な雄藩連合が内戦を勝ち抜いていった如く、戦争の帰趨がリソルジメントの達成と密接に結びついていた。

だからこそ戦前の欽定憲法となるアルベルト憲章を一八四八年に発布したカルロ・アルベルト（Carlo Alberto）も、一八四九年ノヴァーラ（Novara）の戦いでオーストリアに敗れたことから、退位、ポルトガルへの亡命という途を歩んでいた。ヴィットーリオ・エマヌエーレ三世は、第一次世界大戦時において敗北より退位を選ぶと発言し、勝利を収めるまでローマへ戻らなかった。実際、国王は公の場に姿を見せないと不評だったのが、前線に出てからは一挙に人気も上がっていく。しかし日本同様、統帥権を通じて指揮官たちと国王は直接つながっていたため、国王が政府との調整を怠り前線に留まっていたことが批判の対象ともなる。むしろ、国王は首相と陸軍司令官との緊張状態を知りながら、文民による統制を望まず、軍の方へ肩入れすることで自らの権威を高めようとしたが、逆に軍側は国王の前線居座りに困惑ぎみであった。[*7]

統一国家形成と内外の戦争をほぼ同時に開始した日伊両国は、軍事予算をめぐり議会での対立に直面する。そして君主自身がこの対立に関わらざるを得なかった。イタリアの場合、軍事費が財政の半分以上を占めるだけでなく、議会から支給される王室費がヨーロッパ最大と位置づけられ、首相さえ国王ヴィットーリオ・エマヌエーレ二世の浪費を非難していた。他方、国王は五年間七代にわたる陸軍大臣を指名していたが、在任期間が短くいずれも総合的な軍事計画を策定できなかった。また一八六三年に議会は、海軍調査委員会を設置し、それまでの五年間九名の海軍大臣を調べたが情報さえ十分得られなかった。彼らの多くは陸軍の将軍で、中には宮廷との関係から昇進していた者もおり、オーストリア海軍の建造艦総トン数を上回る目標に専ら腐心していたと評される。財務大臣は国王の愛人たちへの支出に使われることもあった王室費に公的監査をかける案や、海軍費の半減案を提起するが辞任に追い込まれていく。国王はイギリス王室の二倍の収入がありながら、六〇〇〇万リラの負債も抱えていて、議会との対立の根は深かった。[*8]

これと類似した事例は、日本の第四回帝国議会（一八九二年一一月－一八九三年二月）における軍艦製造費をめぐる予算案否決の過程で見られた。政費節減・民力休養を主張する民党側は、政府が歳出の削減に応じなかったのに反発し、内閣弾劾の上奏を行なった。ここでイタリアとの大きな違いは、イタリア政府、議会が君主と対立して内閣辞職や国王退位さえ問題となっていったのに対して、むしろ日本では予算案に反対した側が「聖断」を仰いだ点である。結局、詔勅により内廷費から六年間毎年三〇万円が下付され、文武官僚は俸給一〇分の一を製艦費の補足として拠出することが決まった。民党側は、海軍内でこれまでの製造費が積累し、国防方針も不明瞭と指摘していたにも拘わらず、そのまま原案を承認している。この詔勅については、天皇が海軍軍拡を望んでいるだけで命じておらず議会の予算審議権を尊重しつつ、行政大権を行使して俸給削減のみを命じたとする解釈も存在するが、宮廷費削減にまで踏み込み国王の拒否権で内閣崩壊に至ったイタリアとは著しい対照をなしている。[*9] そして、一九一七年の米騒動で皇室が三〇〇万円以上の下賜金を出した際にも、皇室財政が豊裕という「誤解」を与えないよう配慮を怠らなかった。[*10]

以上の明らかな違いは、天皇が内閣と一家をなす道徳的体現者と位置づけられていた点に起因していると考えられる。事実、一八八八年に枢密院の憲法草案審議における劈頭、伊藤博文はヨーロッパでは宗教が人心を帰一せしめているが、日本には宗教が微弱で国家の機軸にならないと説いている。加えて、神道も人心を帰向させる力がないため、国家の機軸とすべきは皇室に限られると唱えた。それゆえ天皇自身も、国運伸張の機を誤れば祖宗の霊に顔向けできなくなる。[*11]

一方、イタリア国王としての称号は「神の恵みと国民の意志」によりもたらされたが、実際の統一国家はピエモンテ化のプロセスであり、新たな人民の基盤の上に立てられなかったと指摘され続けた。だからこそ軍がイタリアをまとめあげるセメントになっていると認識されていたのである。また宗教について注目すれば、ローマ問題や教会財産没収をめぐり教皇庁と対立したヴィットーリオ・エマヌエーレ二世は公式的には破門されたまま、最期の典礼のみを受け、葬儀への高位聖職者出席はなく、王家も数人の司祭が立ち入るのを許しただけであった。むしろ日本との対比で興味深いのは、明治天皇に申し開きができないといった感覚が、イタリアでも「祖国の父」である初代国王への献身として引き継がれていたことかも知れない。[*12] 祖先にまで呪縛されるのは、血統による支配の宿命といえよう。

⑵　共和主義とデモクラシー

そもそもイタリア統一に立ちはだかっていた勢力は外国の君主国が大半であった。トスカーナ大公国などに影響力を残すハプスブルク帝国、ナポリ王国を背後で支えるスペイン王国、教皇国家とローマをめぐる問題に干渉を繰り返すナポレオン三世（Napoléon III）といった外部圧力に対抗する人々が共和主義へと向かったのは、むしろ自然な推移であった。それでも一八四八年、下からの革命を恐れる政治家たちは、カミッロ・カヴール（Camillo Cavour）の積極的行動により、自由主義的憲法としてアルベルト憲章の発布にこぎつける。しかし、カヴールのサヴォイア王家に対する不信感は続き、国王の行政権を剥奪して政府主導の改革を目指す結果となる。翻って初代国王ヴィットーリオ・エマヌエーレ二世は、軍隊に民主派の影響がおよぶことに公然と敵意を示し、反教権主義的なカヴールを教皇庁との交渉に不適当と考えていた。さりながら、カヴール以外に議会多数派を制御できない状態では、国王はカヴールを首相に再任させつつ、閣僚の人選について自分の要求を押しつけていく。また、国王にとって軍隊は王室の管轄事項として政府、議会との主戦場となり続けていった。カヴールの一八六一年の早すぎる死に際しても、国王は彼への嫌悪を崩さず、王子たちの葬儀参加さえ禁じたり、彼の統一に関する貢献について低い評価を公言している。[*13] 統一国家イタリアは、強力な王権がヴァチカン・政府・議会と緊張状態を続ける中、内外の懸案事項に対処しなければならなかった。

一八八五年、憲法調査から帰国した伊藤博文は、プロイセンのハルデンブルク官制に倣い、「内廷からの統治」から政府中心の統治への転換を志向した。翌年には「機務六条」を上奏して、天皇が内閣に臨席しない形式を通じ、天皇から総理大臣へと政治の中心を移す制度化に着手している。前述した議会の上奏にも伊藤は一貫して消極的で、天皇が議会の自立性を否定する懸念からだけでなく、当初より明治天皇が政党を信頼せず、勅答が政府の有利に流れがちだったことも影響していた。反面、民主主義という観点でいえば、伊藤は皇室のことに国民が口をはさむのを決して許さない態度を示していた。同じ頃、明治天皇は伊藤の拝謁をしばしば拒否していたが、結局閣議の代わりに出席し始めた枢密院会議からも離れていくことになる。[*14] こうしてイタリアのように君主と政府、議会が真向から対立する図式は生ぜず、天皇自ら政務への発議を行なわない代わりに、臣下の間で調整された案件を親裁して、その責任は臣下が負って交代する「輔弼親裁構造」がとられるようになった。[*15] 結果として、イタリアでは第二代国王ウンベルト一世（Umberto I）が、アメリカに移民していたアナーキストに暗殺されたのに対し、初代韓国統監だった伊藤博文が李朝末期の独立運動家に射殺されているのは象徴的かも知れない。こうして、家秩序の模範的体現者たる天皇は、政治責任からも超越した存在として君臨し始める。[*16]

対外膨張と国民国家建設を同時進行で実施する日伊両国は、片方の頓挫は両輪全体に支障をきたした。イタリアの一八九六年における対エチオピア敗戦は、ウンベルト一世の退位さえ噂されるようになり、弾圧していた共和主義の復活も明らかとなった。とりわけ北部では社会主義も台頭したが、一九〇〇年の国王暗殺で保守派は逆にアルベルト憲章の規定する国王大権の復活を画策した。他方、社会党穏健派にとって共和主義は必ずしも重要事項ではなくなりつつあったが、改良主義と見なされるフィリッポ・トゥラーティ（Filippo Turati）であっても懲役一二年の刑を受けており、一九一二年の下院で彼はオスマン帝国議会の方が立憲的、民主的と述べ、イタリア議会が閉鎖された事態を批判している。そして、一九一三年の下院においては「サヴォイアを倒せ」、「共和国万歳」の叫びもあがった。[*17] 実際、国王・議会間の相互牽制はそれ以前から続いており、国王の条約締結権は予算措置をともなわないものに限られていたはずであったが、議会の承認抜きで結んだ同盟を後に反故にする名目として利用されたりもしている。こうした中、二〇世紀初頭の議会指導者ジョヴァンニ・ジョリッティ（Giovanni Giolitti）は社会党との提携を模索したり、国王の条約締結権の縮小を図った。国王はリビア戦争の勝利で、ジョリッティを公爵に叙そうとしたものの、平民宰相原敬が爵位を固辞したのと同様、選出された代表制にこだわり続けたともいわれている。[*18] ただし、イタリアと日本の議会制を代表する両者は、当時の金権腐敗を代表する存在でもあり、政党政治攻撃の標的となった。

日本の共和主義に対する拒絶度を象徴する事件は、憲政史上初の政党内閣である大隈重信内閣が誕生した一八九八年に発生した。文部大臣に就任した尾崎行雄は、教員の言論に対する制限の撤廃を指示した直後、帝国教育会茶話会で演説し、アメリカの共和政体が崩壊しないのは金権政治でないためと指摘した。むしろ尾崎は、共和制が君主制に比べ不安定と述べていたにも拘わらず、共和政治を理想化したといった虚偽の内容に対する攻撃が開始される。民権運動の政権に危惧を抱いていた宮中筋も、速記録まで取り寄せたが、共和制を主張したものでなくても、それを例に引いたことが問題視され、陳謝しなかったと彼を辞任に追い込んでいく。板垣退助内務大臣は尾崎演説について取り締まりの対象にならないと表明したが、単独上奏で罷免を要求していた。しかも明治天皇は、尾崎が辞表を提出していない段階で、「内旨」により罷免の意志を表明し、前例のない事態となる。しかも尾崎には先輩の板垣に譲歩すべきという理由が述べられ、「共和演説」批判に納得しない尾崎を封じ込めている。世間まして天皇が不都合とすれば発言の実態がどうであれ謝罪が要求され、責任を問われたのである。すなわち、文脈に関係なく共和や民主といった語句が使われただけで制裁を加えていく流れは、後述する森戸事件など言論弾圧の先鞭をつけたと考えられる。[*19] たしかにイタリアでも共和主義、社会主義への抑圧は苛烈を極めたが、明確な主張の衝突が際立ち、単なる言葉狩りとは様相を異にしていた。

もう一つ日伊間における大きな違いとして特記すべきは、サヴォイア王家がヨーロッパでも最古の王権を誇っていても、ほかのイタリア地域から見ると外国同然だったという点である。南部はトリノ（サヴォイア王家の根拠地）と王室の反教権主義に反対し、シチリアの分離案さえ出されていたが、ヴィットーリオ・エマヌエーレ二世も中・南部は二度しか訪問せず、南部方言への拒絶感のみならず、日常的に使用していたフランス語を話したがっている。実際、王族たちはヨーロッパ各国と姻戚関係にあり、さらなる婚姻攻勢を試みていた。そして、外国在住の王族をふくむ私的エージェントによる秘密外交が行なわれたが、その恣意性はイタリアの対外政策にとってマイナスも大きかった。イタリアの政治エリートは内向きな場合も多かったが、日本では考えにくい宮廷外交が展開されたといえよう。ヴィットーリオ・エマヌエーレ三世の時代になっても、彼はアイルランド人家庭教師の下、一四歳までイタリア語よりも英語を話していたと発言している。しかも国王は、できるなら自分の息子をアメリカで訓練して、初代イタリア共和国大統領にしたいとさえセオドア・ローズヴェルト（Theodore Roosevelt）に語っていた。しかし結局、皇太子も従来の軍事教育を受け、外国経験が豊富であったことは、後述していくように正しい国際認識につながらなかった。[*20] 一見コスモポリタン的素地をもつように捉えられるヴィットーリオ・エマヌエーレ三世も、歴代王族同様、兵士としての厳しい教育に拘束されていく。彼はドイツ皇帝の軍服マニアをからかっていたが、大臣たちとの公式謁見には軍服着用を好んでいた。同じく三代目として大元帥になるべく軍事教育をほどこされた昭和天皇も、日常業務や肖像も軍服姿であった。ただし、イタリア国王の場合、デモクラシーの平等性を意識した「兵士としての国王」が少なくとも表向きは強調され、唯一の「大元帥」としての天皇とは異なっていた。[*21]

3　戦争に翻弄される君主制

(1)　戦間期における危機認識

一九一五年五月に第一次世界大戦へ遅れて参戦（しかも同盟相手のオーストリアを攻撃）したイタリアは、一九一七年八月には反戦を訴えた反乱が発生し、次の冬は越せないとの悲観論が政府内で渦まいていた。国王は兵士の処刑や脱走兵の略奪が進行しても、内戦を懸念して情報を国民に伝えず放置する。一九一七年一〇月にはオーストリア側の攻勢でカポレットの大敗を被り、内閣が崩壊した。国王は英仏両国の支援を要請するが、逆に司令官の解任を要求されていく。それでも、国王は内閣の推した彼のいとこ、アオスタ公（Duca d'Aosta）の新司令官就任を拒絶した。当時まだ敗退していなかった第三軍団の指揮官アオスタ公は、後にファシズムへ接近し、国王の潜在的脅威になり続ける。ヴィットーリオ・エマヌエーレ三世は自らがアオスタ公に取って代わられる不安感と、軍の忠誠が分断され内戦へ突入する恐怖にさいなまれていた。しかし、サヴォイア王家は人民に直接呼びかけることはなかった。結局、国王は第一次世界大戦時に傍観者的態度をとったのと同様、ファシズムの台頭時にも決定の留保を繰り返す。ファシストがもっとも恐れていたジョリッティの議会支配と彼の国王大権削減政策を嫌ったヴィットーリオ・エマヌエーレ三世は、自由主義期だけでも六回の戒厳令が施行されていたにも拘わらず、一九二二年にはファシストの暴力に屈して政権を奪取させ、「革命」を避ける選択におよんだ。[*22]

ファシスト党に合流したナショナリスト、エンリーコ・コッラディーニ（Enrico Corradini）は、その著作で日本が封建制を脱して「聖」と「政」をモデルとする市民宗教をナショナリズムと軍国主義に基づき構築しながら、日伊両国が経済資源の乏しさから移民（日本の場合、朝鮮、満洲をふくむ）へと向かっていると指摘した。[*23] しかし、イタリアは大国に伍したアフリカ植民地獲得後も、移民を欧米諸国に送り続けて、コンプレックスを深めていたように、日本も日清・日露戦争の勝利後においてさえ、欧米コンプレックス解消のため、ナショナル・アイデンティティーとして「万邦無比」の国体論を進めていく。しかも天皇は「現人神」として君臨しつつも、「皇祖皇宗」の遺勲に拘束される伝統的君主たらざるを得なかった。加えて、ヴィットーリオ・エマヌエーレ三世がアオスタ公の脅威に直面したのと同様に、五・一五事件で天皇と激論した秩父宮は、二・二六事件の決起将校がかつぎあげる存在となっていった。[*24] こうした状況下では、制度的天皇を強調した天皇機関説は軍においては後景に退き、天皇の神秘性を前面に出した統帥大権が幅をきかせ始める。他方、特権的地位を獲得した軍部は一九三六年の二・二六事件に際しても天皇の即時鎮定という指示に従わず、軍事参事官たちが反乱軍の翻意帰順を説得していた[*25]。

ファシズムの台頭には、自由主義期保守政治家の反動的傾向が寄与するところ大であった。彼らから見ると、ヴィットーリオ・エマヌエーレ三世は不十分な専制君主で、その臆病さから社会主義者のパロディーと映っており、「社会主義的王制」と嘲弄された[*26]。自由主義右派の一部はアルベルト憲章の規定する国王大権を取り戻し、議会権力の縮小さえ画策した。すなわち、そこには議院内閣制というイギリス制度のパロディーからの脱却を望む姿が散見される[*27]。一方、反ファシスト側の認識によれば、国王の優柔不断、憲法についての偏見と形式主義、両議院を国民の利益という以上に、単なる王朝の預託機関としてしか見なさなかった姿勢こそ、彼の深刻な欠陥と指摘している[*28]。事実、国王はベニト・ムッソリーニ（Benito Mussolini）の首相就任直前、離任するルイージ・ファクタ（Luigi Facta）首相との会見で天気の話しかしなかった。ヴィットーリオ・エマヌエーレ三世は、一九一九－二二年の混乱で社会主義者にあわれみを乞うていた時期に比べて、はるかにましと感じたのである。ムッソリーニは社会主義者にギャング抗争のような暴力的攻撃をしかけていたにも拘わらず、保守系新聞もファシズムがイタリアを社会主義の脅威から救ったと報じている[*29]。

一九二二年のファシスト政権成立は、イタリアにムッソリーニと国王の間で二頭制の頂点をめぐる衝突を惹起した。ファシズムは君主の聖性と対峙する必要に迫られ、憲法上では国王の任免権に拘束される首相職から個人独裁を血肉化しなければならなかった。また、全体主義を求めるファシストにとって伝統的国家の軍事領域に自律的空間を獲得することは死活問題であったが、ファシスト党の私兵であったミリシアが軍、警察に取って代わるのは困難となっていく。それでもファシズム体制は公権力を攪拌し、国王に依拠しない形で、政府を中心にすえつつ王朝に対して権威、威信を高めようとした。その一連の試みには、首相に代わる政府主席（capo del governo）の呼称採用や、ドゥーチェ（Duce 日本語訳では統帥などが用いられるが、本書ではドゥーチェを使用）の恒久的制度化がふくまれる。[*30] ファシスト政権に積極的支援を惜しまなかったナショナリスト、ルイージ・フェデルゾーニ（Luigi Federzoni）は上院への郷愁から、ムッソリーニが最初の数年で二院制廃止を望んで、弥縫策としてナチ・ドイツのライヒスタークのような一院制を考えていたと回顧している。[*31] 欧米諸大国中、その力の弱さを揶揄され続けたイタリア（経済・軍事的後進性が言挙げされる）は、自分たちの政治が何かのパロディーであるかのような負い目にさいなまれ、最終的には全体主義でも二番煎じの役割を演じたと位置づけられた。その反面、国内の抑圧体制は漸次強化されていき、一九二六年には国王、摂政、皇太子、首相に危害を加えようとした者へ死刑が課せられるようになる。これにより三〇年間廃止されていた死刑制度が復活された。[*32]厳罰化傾向は時をほぼ同じくして日本でも見られ、後述する一九二五年の治安維持法は法律上初めて「国体」が明記されただけでなく、一九二八年には死刑・無期刑が追加されていった。[*33]
一九三二年の五・一五事件直前における日本でも、国内外における暴力が荒れ狂っていた中、天皇側近への攻撃を避けるためと称して、秩父宮を内大臣にすえ、国粋主義者の平沼騏一郎を側近に取り込む方策が検討されていた。[*34]それは一九三一年の満洲事変勃発以降、昭和天皇の不拡大発言が側近者の入知恵と考えられ、軍部の憤慨、硬化する事態が続いていたことにも起因している。五・一五事件を契機として、政党制が退けられると、軍部は政府に先行して国家戦略を策定し、政府はその枠内で外交・内政の対応をするという後手に回らされていた。それでも、元老西園寺公望は一九三七年の日中戦争開始後になお、政府のお膳立てなく勅裁を下して戦線拡大を抑制できなければ、君権に疵がつくと恐れた。昭和天皇は勢力圏拡大自体には否定的でなかった[*35]ものの、強い反共意識から対ソ兵力が大規模に中国作戦へ投入されるのに抵抗があったという説[*36]も存在するが、一九三六年の二・二六事件で側近たちを暗殺された君主にとって内戦よりは対外戦争を黙認するという選択へ向かったと推察されよう。実際、昭和天皇は第二次世界大戦末期になると、繰り返しソ連の仲介による英米両国との終戦工作に期待をかけており、[*37]イデオロギー的反共主義より国体護持の優先順位が高かったのは明らかである。この点、内乱、革命よりファシスト体制を容認したヴィットーリオ・エマヌエーレ三世との類似性は顕著で、存続それ自体を至上目的とする君主制の共通特徴が浮かび上がる。また、日本における一九三五年の国体明徴運動のように、イタリアの議会内勢力の一部も議会制自体を解体に導く動きへ向かい、国内外の暴力について君主は煮え切らない態度でこれを座視した。そして君主自身が無答責を盾に、自らの政治責任を回避していった流れは、日伊両国双方で見受けられた。

(2) 第二次世界大戦へ向かう過程で君主の政治的・立憲的位置づけには変更が加えられていく。ファシスト大評議会がムッソリーニに次ぐファシズムの最高機関と見なされた一九二六年以降、公式の憲法改正圧力も間歇的に強まっていった。ムッソリーニは、選挙により選ばれた議会を無効にしてはならず、行政権が軍に介入すべきではないとしながら、王位を聖別して絶対的なものにしてはならないとしている。たしかに国王の権限は徐々に縮小していったが、世論や政治勢力の動向をうかがいつつ削られ、表立った改憲へと踏み込まなかった。[*38] 国王はファシスト大評議会に臨席したことがなかった一方で、一九三九年に下院の代わりとして設立されたファッシ・協同体議院では、議長が勅命により指名された。国王は制度的に変わらず存在したが、ピラミッドの

頂点には政府主席のムッソリーニが屹立していた。ファシストの法原理は体制の独裁的性格をぼやけさせ、国王の役割を「脱人格化」するよう図ったのである。ムッソリーニも君主の言動が儀礼的で実質性がない限り、二頭制を尊重し、国王個人との関係を良好に維持した。また、ヴィットーリオ・エマヌエーレ三世は一九三八年の人種法施行に際しても、イタリア国籍保持者への適用についてのみ留保を間接的に要請しただけであった。君主とファシスト政府の間でどのような緊張が生じていたかについては、公式文書もほとんど残っておらず、多くのことが不明なままとなっている。[*39]

イタリアが国王の聖性を相対化したのと反対に、日本では天皇の神格化が個人の内面に対する支配へとつながっていく。一九三七年に文部省が二〇万部を全国の学校へ配布した『国体の本義』は、万世一系の天皇が神勅を奉じて永遠に統治を行なうことを強調し、天皇に対する絶対随順を唱っている。共産主義運動と天皇機関説が同列に扱われ、個人主義に基礎をおく西洋思想は一括して排撃の対象となった。[*40] 同年、官制としての戦時大本営条例が廃止され、統帥権命令事項である軍令としての大本営令が制定された。すなわち、天皇は官制制定の勅令を発する立憲君主から軍事的絶対君主へと変貌を遂げていく。[*41] 結果として大本営御前会議などで天皇の顔色をうかがう問答が繰り返され、彼の考えていることを先回りして忖度する東條英機首相や嶋田繁太郎海相などへの信頼が厚くなった。[*42] こうした政治の「人格化」が天皇の神格化と並行して進み、大本宮が内閣に優越し始めると、国務大臣の大部分が最重要国策の決定に参画できなくなっていく。[*43] イタリアにおいて制度設計をめぐる議論が重視されていったのに対して、日本での関心は修身・道徳的側面に訴えながら空気を読むような対応が顕著であった。

ファシストによる君主の脱人格化が試みられたイタリアでも、第二次世界大戦参戦という未曾有の事態で、ヴィットーリオ・エマヌエーレ三世個人の裁量が再び注目され始める。彼は陸軍の準備不足を把握しており、非参戦という事実上の中立継続を望み、世論の反独姿勢を背景に、ムッソリーニへ君主抜きの最終決断を下さぬよう要請した。そして国王が皇太子ウンベルトを司令官にすえるよう打診したのに対し、ムッソリーニは国王に統帥大権にこだわらぬよう要求した。[*44] 結局、国王は本来委譲不可能な国王大権である国軍の指揮権さえムッソリーニに委託してしまう。そして開戦についても渋々同意した数日後に自らは一兵卒となる旨を発言している。[*45] たしかに国王は個々の作戦について口を出さなかったが、オッソラ共和国と境界を接していた南スイスへの侵攻、併合について繰り返し言及し、イタリア語圏を擁する中立国の独立尊重に無頓着だった。しかも、皇太子は何も知らないので、自らが事態の収拾に当たると発言し、退位を否定していく。[*46] 戦局が悪化しファシズム体制が追いつめられると、ムッソリーニ抜きの君主－ファシスト連合政権構想が浮上し、ファシスト高官たちは宮廷クーデターが実行される一九四三年七月になってもなお、国王大権返納と引き換えにファシストの統治を継続させようと画策していた。彼らは反独派と王党派を同義と勝手に解釈し、王党派を担っているのはファシスト党とさえ自負した。ムッソリーニの後継首班となるピエトロ・バドリオ（Pietro Badoglio）元帥は、さすがに国王の退位拒否は人民の意志を理解していないと指摘するが、同内閣のラッファエーレ・グァリリア（Raffaele Guariglia）外相などは退位が国王に起因しない責任を認めることにつながり、統一的行動が必要な時点で最高指揮権を手放してしまうのは考えられないと記している。[*47] 国王の評価をめぐっては、確信に至るのに時間がかかり、決定が遅く極端に慎重であったが、ムッソリーニへの対応がほかの自由主義期首相たちへのそれと変わらず立憲的であったとする説[*48]も存在する。他方、ヴィットーリオ・エマヌエーレ三世の政治・軍事への介入の少なさは国、人民全体を崩壊に追い込んだ責任意識の欠落が反映したものとも指摘された。[*49]

立憲君主の法《のり》を守ったために戦争回避の強力なイニシアティヴがとれなかったという釈明は、日本の天皇にも共通している。もし開戦を阻止しようと拒否権が行使されていたら内乱が発生していたという自己弁解も、イタリアと大差がない。[*50] 敗戦直後に退位論や戦犯指名の話が出る中、東久邇稔彦は首相として外国記者団と行なった一九四六年の会見で、昭和天皇が政府の決定を否定することはないと側面援護に努めている。けれども、イタリアと大きく異なるのは、貴族院議員の発言として開戦の詔書は軍閥の圧力によって渙発したが、終戦の詔書が天皇の英断でなされ、国民は「感泣」しているといった発言である。[*51] イタリア国王は対独参戦に逡巡しただけでなく、ローマ市民を捨てて逃亡しており、人々の落涙があったとすれば感謝のそれではなかったと思われる。また、統帥大権を実質上、ムッソリーニへ委譲してしまったイタリア国王と違い、統帥部に係る責任と権限は大本営の長である昭和天皇が有していた。実際、天皇は戦争遂行に関する微細なことまで下問し、非現実的な作戦に関心を示して、大きな構想策定を左右さえしている。[*52] 加えて、天皇はヴィットーリオ・エマヌエーレ三世と同様、政治について自信をもっており、政府以外の者の意見を聞かず、ほかの皇族が政治について語るのを好まなかった。[*53] ただし、イタリア国王がドイツ軍の脅威を恐れて不決断を続けたのと対照的に、昭和天皇は近衛文麿の早期戦争終結に関する一九四五年二月の上奏に対して、もう一度戦果をあげてからと希望的観測を述べていた。[*54]

近衛上奏文が戦争継続による共産主義革命の危険性を説いたように、[*55] イタリアでも保守派の反ファシストが共産主義の到来をファシストにさえ警告する状況となっていた。[*56] 事実、一九四三年七月のムッソリーニ逮捕後のバドリオ政府は、わずか五日の間に死者八三名、負傷者三〇〇名以上、逮捕者一五〇〇名を数える、ファシズム体制に並ぶ暴力的強硬措置を講じている。[*57] しかし、世論の動向を懸念した点では日本以上にイタリアは明瞭であった。ヴィットーリオ・エマヌエーレ三世は「女は口を出すな」と身内にも厳格な家父長であったが、女性票が安定と保守に寄与すると考え、参政権を女性にまで拡大しようと試みる。[*58] それでも、レジスタンスを主導した国民解放委員会（Comitato di Liberazione Nazionale）は一九四四年一月のバーリ大会で、国王の退位と君主制存続の可否を問う国民投票実施の動議を可決した。連合軍からも、より広い民主政府の確立と国王の公的生活からの退場が要求され、国王の繰り返し主張したムッソリーニ追放、休戦交渉、対独参戦に関する彼の「貢献」は、二二年におよぶファシストへの服従と対連合軍開戦を部分的に相殺するにすぎないと一蹴される。[*59] 王党派からさえ、ファシズム体制が権力を腐敗させ、敗退と奴隷化に至った戦争へイタリアを導いた道程について、ムッソリーニ以上の責任が君主にあるとまで追及された。とりわけ捕まるのを恐れてローマから逃げ出し、苛烈なドイツ支配を招いたことで国王への信頼は地に落ちていた。一九四四年の夏には多くのパルチザン共和国が南部王国から自立して形作られ、未来の国家像を暗示するものとなっていく。[*60]

ここにおいて二つの君主国の転換をめぐり著しく異なる民主的契機が明らかとなる。イタリアでは宮廷クーデターが実行され、退位が受容されても、国民投票においては僅差とはいえ、共和制が主体的に選択された。日本の場合、天皇制の可否をそもそも国民に問おうという発想が為政者の間にほとんど存在しなかった問題も表出してくる。さりながら、戦時体制の徹底した言論弾圧から解放された日本でも、かろうじて象徴天皇制という戦前の君主制を解体した展望が民間憲法草案で登場したのである。それはサヴォイア王家のおひざもとピエモンテにおいてさえ革新的なオッソラ共和国が設立されたのとは比較にならないかも知れないが、知識人の自立的試みが戦後憲法に反映されたエポックメーキングな事例となった。

オッソラ共和国と日本の憲法研究会の共通する素地は、熟議民主主義的合意形成にあり、多様な、場合によっては対立する意見を最大公約数で汲み取っていった点といえよう。ただし、天皇制が培った個人の内面に関する道徳的拘束力と柳の下に幽霊を恐れるが如き反共意識（そこには反天皇制への憎悪がふくまれた）が研究会メンバーの過半をとらえ、単に共和制へ踏み込めなかっただけでなく、反動的言動にまでつながってしまう。無論、日本よりはるかに共産党の影響力が強かったイタリアでは反共主義も強固であったが、日本の場合、実態からかけ離れた恐怖心が民主化そのものを抑制し、戦前回帰につながるような逆コースへ突入しかねなかった。抑圧的な前体制は、外へ侵略を実行しつつ、内においては「左派」を標的とした友敵関係へ邁進した。

日伊両国にとり反共主義は敗戦でようやく獲得した民主主義に対する桎梏となり続けていくが、共和制を選択したイタリアと異なり、日本では天皇制の存在が過ぎ去らない過去として政治・社会状況を規定した。

立憲主義が必ずしも民主主義と平仄を合わせて登場するわけではないことは、日伊両国に共通していた。イタリアの保守政治家たちがアルベルト憲章に戻って国王大権の強化を図ったように、日本政府も天皇機関説を復権させて明治憲法改正の回避と国体護持に固執する。とはいえ、反共主義に寛容な連合軍でさえイタリア国王の居坐りを認めず、字句上の取り繕いによる戦前天皇制の維持に否定的反応を示した。むしろこの点で日伊両国に画期的であったのは、下から政治状況を変えようとする動きであった。長い間、戦前において弾圧されていた人々が、言論の自由獲得により、一気に声をあげていく。にも拘わらず、逆コースの到来は冷戦の始まりと軌を一にして両国の政治的変革可能性を押し戻してしまうが、そうした間隙をぬって新憲法制定は民主主義につながる制度設計を実現したのである。日伊両国におけるそれぞれの象徴天皇制、共和制は、戦争を越える民主主義として、前者は平和主義、後者は社会権を高らかに唱導するに至った。

第二次世界大戦へ向かう君主制の下で育まれた抑圧体制は、戦争と密接に結びついていた。ファシズム体制がドイツ側で参戦しなければ、といった問い自体は、三国同盟に踏み込まず日中戦争に留めておけば、という日本についての反実仮想と同様に説得力が乏しいといえよう。日伊両君主制の長いスパンで見た軍事志向性と海外膨張は、国内体制の変質をもたらし、悲劇的な敗戦へと転落していったのである。だからこそ、戦前・戦中・戦後における運動としてのデモクラシーが、敗戦後の新憲法へとつながり、以下で論じるオッソラ共和国、憲法研究会の重要性が確認されよう。抵抗運動の存在は、戦前における君主、政府、議会の間における緊張関係の強度にも比例した。君主制との対立構図が明白であったイタリアの場合は、反ファシズムの抵抗力にも直結した。通俗道徳的な内面支配が顕著であった日本の場合は、単に共和主義、社会主義の普及度が弱かったという以上に、知識人もふくむコンフォーミズムの影響が強まったと考えられる。

日伊両国はともに明治維新、リソルジメントの試練を経るまでは領邦国家の集合体に近かったが、統一国家における中央集権の性格に大きな違いが存在した。イタリアが個人と国家の間に家族や共同体、地方権力といった強固で多様な中間媒体が介在した反面、日本においては中央権力から個人までの緩衝地帯が欠落していく。「国体」に表われたように国家有機体的発想の頭として天皇が位置づけられ、切り離すことが困難となったばかりでなく、家族国家概念の家長としても天皇が君臨すると、個人が国家に包摂されやすくなる。他方、オッソラ共和国のような孤立した特異事例でなくても、地域の自立性はイタリアの特徴と考えられ、同調圧力の質も道徳的色彩を帯びることは稀であった。これに比して、中央権力の影響が普遍的規範性に裏打ちされないまま個人の内面にまで直接およんでしまう日本では、一旦権力に近づいていった際の距離感喪失が、憲法研究会メンバーの間でさえ目立つのかも知れない。以降の論述で、共通点も意識しながら、こうした違いを検討していきたい。

第二章　パルチザンの共和国——イタリア戦後民主主義への道程

1　共和国に至る歩み

(1)「パルチザン史観」をめぐる意味

パルチザンの共和国という標題には二つの含意が存在する。一つは、戦後イタリアの共和制は、レジスタンスすなわち反ファシズムを基礎に築かれたという前提に基づく。戦後から今日まで、共和国はパルチザンの祖国解放戦争によって創出された、という公式的位置づけがなされるようになる。一方で、統治の正統性をめぐり君主制と共和制の綱引きや、右派と左派の権力闘争などが、第二次世界大戦末期に重大な国内争点を発生させた。他方で、自国の解放は英米連合軍の作戦遂行に左右されるという国際的な従属状態におかれながら、対独宣戦後は「ファシズムの清算は済んだ」という自意識から、それ以前に行なった侵略戦争に対する認識が欠落していき、とりわけ植民地問題への反省は著しく立ち遅れていった。

パルチザンの共和国というもう一つの意味には、連合軍の北上にともない発生した各地の蜂起により登場した地域の自律的共和国がふくまれる。その中でもオッソラ共和国は、一六〇〇平方キロと最大規模で、避難民を算入すると居住者は約八万人に達し、自治政府の活動が活発であった。その理由として、北側が中立国スイスとの国境、南側がドイツ軍占領地域に接し、地理的孤立を深めていたことから、中央権力の支援、影響も受けにくく、自律性を高めざるを得なかった点が指摘できる。同時に、自らの権力が暫定的で制約を有しているという自覚から、臨時行政府という自己規定を行なっていながら、国内・国際的要因に拘束され不断の対応を迫られた。

そもそもイタリアにおいて、なぜ多くのパルチザン共和国が成立したのか、については、戦争末期の混乱した情勢が主たる要因を構成している。すなわち、一九四三年七月の宮廷クーデターによるムッソリーニの逮捕、ドイツ軍により奪還されたムッソリーニを傀儡とする九月のイタリア社会共和国（Repubblica Sociale Italiana）設立、といった一連の流れが、多大な影響をおよぼした。イタリアは、事実上ドイツ軍の支配する北部地域、逃亡した国王による南部王国、パルチザンの武装蜂起で解放された中・北部地域に分断された。一〇月の対独宣戦を果たした南部王国は、国際的には「戦勝国」に列せられると期待するが、ナチ・ドイツからの解放は英米軍に依存を深めていく。北部のナチファシストが興したイタリア社会共和国は、ドイツへの労働力提供をふくむ大規模な動員を図るが、住民の反発を招き、忌避した人々はパルチザンに身を投じた。[*61]

一九四四年六月六日のノルマンディー上陸作戦後、イタリアのパルチザンは七万人を超える規模で急増し、各解放区において多くの小さな共和国が作られていった。そうした推移の中でオッソラ共和国も誕生する。しかし、六月にはアメリカ大統領フランクリン・ローズヴェルト（Franklin Roosevelt）が対独戦を最優先と明言し、ウィンストン・チャーチル（Winston Churchill）も一〇月のモスクワ会談でヨシフ・スターリン（Iosif Stalin）と勢力圏分割を決めて、イタリア戦線の重要性は低くなっていく。このため、ハロルド・アレクサンダー（Harold Alexander）連合国対伊最高司令官は夏に一旦、パルチザン蜂起を促すラジオ放送を流しながら、支援を実施しないまま、秋には動員解除命令さえ出していった。戦後イタリアの新しい体制を想起させるパルチザン共和国に期待した人々にとって、連合軍の動きは大きな失望を呼んだ。[*62]

一九四四年九月一〇日に成立したオッソラ共和国は、大国間の戦争計画をめぐる思惑の揺らぎに加え、その地理的孤立性ゆえに英米連合軍との連携も少なく、共産党指導部さらにはソ連との連絡も希薄で、直接の国際的つながりは専ら境界を接するスイスに限られていた。その臨時行政府指導層はスイスへ避難していた左派系の抵抗者が中心となったが、四〇日余りの統治期間では、制度機構上の抜本的刷新は困難であった。それでも、逆に主要連合国の影響を直接受けず、スイス亡命中に政治構想を温めた人々が、ファシズム体制とは異なる新たな政治的模索を試みていく。閣僚にあたる人選も各政治勢力からバランスをとって行なわれ、反ファシストの節度ある人物たちが選ばれたと評されるが、指導部を中央から派遣しようと目論んでいた国民解放委員会などから、住民の承諾を得なかったとクレームがつけられた。こうした制約にさらされつつ、厳しい戦時下で人権を個々人固有のものとして保障する方針を保ちながら、臨時行政府は結局、十分に組織化する間もなくナチファシスト軍の再占領で頓挫し、戦後しばらくは断片化された痕跡だけを残すことになる。[*63]

パルチザンによるファシズム体制からの自力解放が神話であったとする後の評価以上に、実際問題としてドイツ軍の圧倒的軍事力にさらされたオッソラ共和国は短命とならざるを得なかった。国際的には英米軍を頼る状況が明らかとなるのみならず、国内的にもパルチザンの武力闘争が単なる内戦であったという修正主義的解釈が戦後イタリアに登場する。[*64] それは、保守派の軍事レジスタンスを「ブルジョワ的」「純粋でない」「徒党」と見なすことへの反発だけでなく、左派中心の歴史研究への非難としても展開された。とくに対立を「共産主義」と「非・反共産主義」に単純化して論じてきたといった「パルチザン史観」批判も登場する。[*65] ところが、むしろ戦闘に関する記述が大半を占める史料・研究条件の下では、一カ月半ほどで陥落したオッソラ共和国の位置づけは、単なる英雄的抵抗の末の敗戦談に留まってしまいかねない。

実際、臨時行政府の首相と称されたエットレ・ティバルディ（Ettore Tibaldi）は、オッソラ共和国に関する多くの解釈が証言などに依拠しており、真実から遠いところにあると一九五九年に語っている。[*66] そして、パルチザン戦に関する数百の刊行物が出されてきても、膨大なエピソードと行政府の関係をつなげられていないという指摘も見受けられる。[*67] だが、ティバルディが発した警鐘の後、将来のために記録を残そうとする努力の成果として、行政府の活動記録が相当量発掘され、同じ事件についての複数の証言、史料も研究に供され、冷戦的な二項対立図式ではない問題の見直しも可能となってきている。事実、実質四〇日程度しか施政に従事できなかった行政府であるにも拘わらず、その平等主義的思想や異質な他者とも共存する自治形態は、ファシズムと一線を画した新たな民主主義創成の端緒となった。

またオッソラ共和国は、その成立当初から特殊な国際・国内的難題に直面し、独自の自治を模索せざるを得なかった。一九四四年夏には、連合軍側はスイスに駐在する諜報機関を通じて、繰り返しオッソラ地域への空からの物資投下、空輸を約束しながら実行に移さず、部隊が共産党系か非共産党系かによっても優先順位が変更される。結局、オッソラの抵抗運動が連合軍から得られたのは若干の金銭と、反共主義的なヴァルトーチェ（Valtoce）部隊への二度の軍需品投下に限られた。連合軍側は、九月の空輸をワルシャワ蜂起支援に集中させていたと説明したが、オッソラについての評価自体も「重要性に乏しく」かつ「時機を誤った愛国者の行動」と見なしていた。共産党系部隊への意図的な差別はなかったとする論者でさえ、もしこれらの支援を遅延させた理由が正当なものであったとしても、早急にオッソラ側へ説明されるべきだったと指摘している。[*68]

国内状況に目を転じると、パルチザン陣営内部においても、共産党系と非・反共産党系の確執が共和国成立当初から発生していた。オッソラの中心都市であるドモドッソラ（Domodossola）は無血占領に近い形で解放される一方、非共産党系パルチザン部隊とナチファシスト軍との協定に基づき、撤退するドイツ軍部隊は重火器以外の装備携帯が許され、一九四四年九月一〇日に南部の中心都市グラヴェローナ（Gravellona）へ向かう。しかも、この交渉については共産党系のガリバルディ（Garibaldi）部隊への連絡もなく、同部隊が九月一二日に開始したグラヴェローナ攻撃では、これら撤退部隊が応戦したという話もあった。加えて、ドモドッソラで引き渡された兵器については、非共産党系部隊で山分けされたとの批判を受けている。グラヴェローナの激戦では、ドモドッソラを解放した部隊へ救援要請がなされたが、保守系のヴァルトーチェ部隊では出撃取消命令さえ出されたのである。[*69]

さらに、ヴァルトーチェ部隊の指揮官の一人は「グラヴェローナでは共産主義者が戦っているので我々が介入するつもりはない。今日共産主義者がより多く殺されれば、明日抹殺する必要がなくなる」と語っている。[*70] 実際、ガリバルディ部隊の政治コミッサール（政治委員）として名をはせるヴィンチェンツォ・モスカテッリ（戦闘名チーノ Cino 本名 Vincenzo Moscatelli）は、解放後、ドモドッソラに入ることさえ妨害され、ようやく辿り着いても、ガリバルディーニ（Garibaldini ガリバルディ部隊の構成員）への食糧供給拒否、政治集会の主要広場における開催禁止が言い渡された。[*71] 彼は到着して数日の後に以下のような手紙を記している。

スイスから着いたばかりの立派な人々は、小さな政府をつくり、自分たちが小大臣となり、立派な市長による地方政府を考えざるを得なかった。とりわけその作業は「アカ」の匂いや人民の参加といったものを排除していた。[*72]

無論、オッソラの公的生活全体を民主化するには、住民抜きの「小政府と小閣僚」たちでは不十分であった。それでも、戦後のイタリア民主主義につながる重要かつ先駆的な模索は、臨時行

図1—1　イタリア全図とオッソラの位置

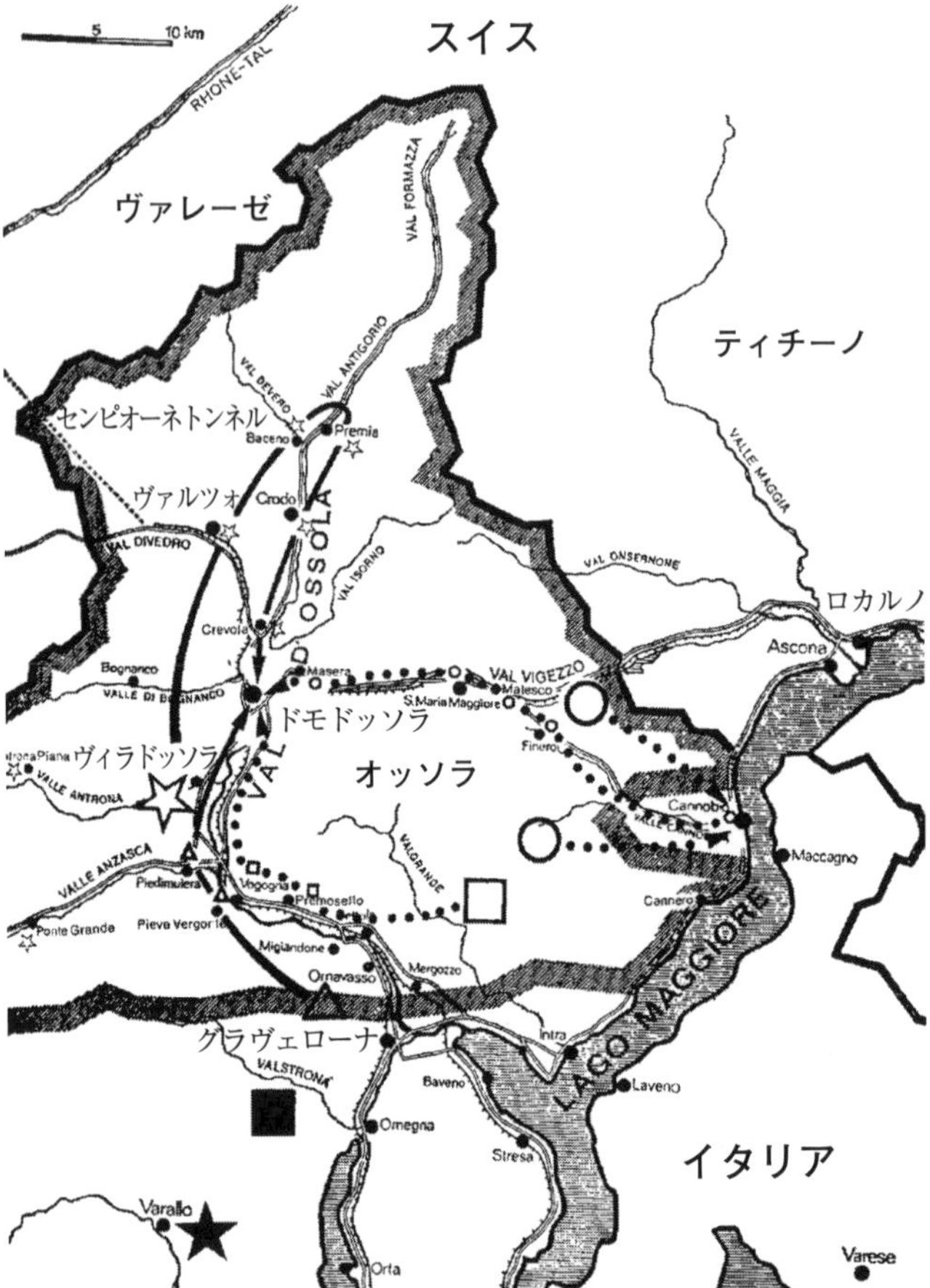

☆ガリバルディ第二師団　○ピアーヴェ師団　△ヴァルトーチェ師団
□ヴァルドッソラ師団　■ベルトラーミ師団　★ガリバルディ第一師団

図1−2　オッソラの地図（Hubertus Bergwitz, *Una Libera repubblica nell'Ossla partigiana*（*Milano:Feltrinelli*, 1979, pp.10-11 より作成）

政府をめぐり、わずかな期間ながら様々な経験を人々にもたらした。モスカテッリ自身も、後にドモドッソラ到着時の評価を改め、闘争に関わる者たちが、単にムッソリーニを倒すだけでなく、根本的な社会構造の変革を望んでいたと認め、政治的には大きく異なっていたが、自分たちの理想を通じ結ばれていたとしている。そして、彼は以下のような再帰的回顧を記したのである。

レジスタンスは過去を批判的に再検討する。各部隊の兵士たちは、より高い同じ理想のために闘っていた。上層部の方ではライバル関係が今の政治と同じく存在した。[*73]

事実、中央上層部における党派対立は、オッソラ共和国の孤立を一段と深めるのに寄与していた。ドモドッソラ解放の際、自律部隊が一九四四年九月一〇日に宣言した行政府の構成について、ミラノを中心とする北イタリア国民解放委員会（Comitato di Liberazione Nazionale dell'Alta Italia 国民解放委員会の北部統括機関）はその無効を言い渡している。委員会内部には君主主義派の指揮官が上からこの宣言を行なったと考える者もいた、との指摘さえある。まったく逆に、ローマのイヴァノエ・ボノーミ（Ivanoe Bonomi）政府には共和制への嫌悪をもつ閣僚もおり、パルチザンとの関係を避ける動きが存在した。なおかつ、いずれの上位権力もオッソラ共和国を正当に認めないばかりか、スイスから食糧、医薬品などの緊急支援を受けるため臨時行政府が交渉することに対してさえ、勝手な外交権の行使と見なし、横やりを入れる始末であった。オッソラ共和国首相ティバルディは、ローマの政府から郡に関する権限のみを認められた際、失笑を禁じ得なかった。こうして臨時行政府は、本来なら支援を受けられるはずの諸勢力から打ち捨てられた反面、イタリア人に民主的統治が可能であることを世界へ示す模範例として共和国の実践を始めていく。*74

以上簡単に概観したように、連合軍の約束した支援を受けられず、上位権力からも認知されないという逆境こそ、オッソラ共和国の自律性を高める原動力となった。それは「パルチザン史観」に代表されるような党派対立に翻弄される図式とも異なっていた。たしかに共和国成立当初から問題となるような共産党系と非・反共産党系の確執は続いていくが、ナチファシストという共通敵の存在だけでなく、新たな政治・社会の建設という明確な目標意識が、普遍的な理想追求につながっていく重要な出発点を形作っている。また、このオッソラ地域の自治に対する強い渇望は、第二次世界大戦末期の刹那的偶然によるものではなかった。次節ではその歴史的背景に遡って議論を進めてみたい。

(2) オッソラ谷の歴史的背景

オッソラ谷は、アルプスからマッジョーレ湖（Lago Maggiore）をつなぐ深く暗い渓谷が連なる地域で、古代ローマ以来、イタリアとスイス、そしてフランス、ドイツに至る主要街道となっていた。こうした交通の要路としての特性は経済的利益をもたらし、領域を越えたコミュニケーション、移民、思想・運動・組織の伝播に結びついている。住民は谷の統一性を重視していたが、一九世紀の中央集権化にともない、南に隣接するノヴァーラ（Novara）県の行政区へ組み込まれた。一方で地域内の社会・経済・文化的均質性が高いオッソラは、単に中央権力に対し孤高の反発を示したというより、隣接するスイスさらにはヨーロッパへ世界を広げていったのである。*75

オッソラ地域は、一九世紀中盤まで耕作可能地の三分の二が森林で、険しい山に囲まれて洪水に悩まされ、牧畜も原初的なまま女性、子供が主たる働き手となった。チーズなどをピエモンテ全体へ搬出もしていたが、その一部はスイスからの密輸品が占めていた。谷の生活を維持できない人々は、短期移民や季節労働者として地元を離れ、それが長期化する傾向も目立っていく。その大きな原因の一つは、それまで不毛地へ与えていた免税特権を中央政府が剥奪したことにある。こうした辺境政策の抜本的転換により、一七七〇年に二四八八リラだった諸税は一八〇五年には二万三〇〇〇リラと約一〇倍となり、一八五〇年には二〇倍となった。飢餓、貧窮に直面した農民層の唯一の解決方法は移民の選択肢しかなかった、とイタリア議会でも議論されていた。[76]

一九世紀初めにナポレオン（Napoléon Bonaparte）が建設したセンピオーネ（Sempione 英語名Simplon）の軍用道はオッソラにスイス、フランスへの新路を切り開かせたが、一九世紀末には交通を拡充させるトンネル工事が着工された。スイス、イタリア双方からの掘削作業は失業解消に役立った反面、劣悪な労働条件のため、スイス側で働くイタリア人労働者の組織化が進められる。しかし、オッソラ側の待遇改善は主張されず、しかも労働者の大半は南部出身で、御用組合、カトリック系組織、社会党労組と分断状況が続いていた。そうした中、一九〇一年五月一日にドモドッソラの社会主義者は、軍事費削減、婦女子の労働に関する法整備、小麦の消費税廃止を要求し、社会党指導部にセンピオーネの労働環境に関心を示すべきと訴えた。[77]

要求から約一カ月後の六月一四日、センピオーネで最大のストが決行される。当初二〇〇〇人が経済的改善を求めて始まった動きは、二〇〇〇人に拡大し、警察のみならず二〇〇〇人の兵士が派遣される事態となった。社会党はミラノから建設労働指導者を派遣し、六月一九日には交渉で譲歩も得たが、会社側は即時職場に復帰しなければ解雇するとの声明を出し、ストは七月に入って終息する。この間、カトリック団体は調停を持ちかけるが、社会主義者たちが反対したことから、屈辱的敗退を招いたとの批判が生じる。しかし、カトリック側は主として慈愛に訴え、労組の組織化には消極的であった。他方、社会党側も混乱の理由を「暴力的衝動に従い労働忌避を語るホラ吹き革命家」の所為と断じ、中央の指導に従わなかった運動員たちの「過ち」に帰してしまった。むしろ党はストライキの「失敗」について、現地の自然発生的冒険主義、すなわち「改良主義の穏健な行動を妨害する小グループのアナーキスト、共和主義者、非妥協主義者」の責任を問い、自分たちだけが効率的で革命的活動を指揮できると豪語したのである。[*78]

このような中央の姿勢では指示が浸透するはずもなく、現地労働組合は周辺的役割に甘んじ、闘争を独自に決定する状況から程遠かった。政府当局に留まらず、ヴァチカンやローマの労組指導部といった中央権力から救済はもたらされなかった。しかし、一九〇三年一〇月一三日に繊維産業の経営者が賃金の四〇％近いカットを断行しようと試みた際には、一五〇人の女性と四〇人の男性が参加する繊維工のストライキが発生した。この事件は、オッソラの組織化を誇示し、ミラノをふくむ労組の重要ポストをオッソラ代表者が占める契機になる。また、経営側も賃金削減幅の縮小を迫られ、女性工員がストに入って勝利を得た最初期例の一つとなった。ほぼ同時期のノヴァーラ県における一五歳未満の男性労働者が六九九人だったのに対して、一五歳未満の女性労働者は二六二二人に達していた。こうした劣悪な環境は、第一次世界大戦中の厳しい統制下でも、一九一六年四月に女性繊維工が労働条件の改善を求めて立ち上がり、解雇者全員の再雇用、働き手も加わった生産計画策定を勝ちとる成功へと向かわせる。[*79]

オッソラで労働運動が広がったもう一つの理由には、鉱山とそれにともなう金属産業の隆盛が背景としてあげられる。一九世紀半ばを過ぎると、ピエモンテ地方に存在した四〇の鉱山の大半と六六の会社、三四二の作業所の多くはオッソラ谷に集中していた。二〇世紀に入ると、水力発電所の建設が進み、工業生産にとり中心拠点と位置づけられていく。しかし、第二次世界大戦に入ると軍事関連工場へ転換させられ、「祖国」は課税と悲惨のみを表わすものとして映っていった。労働環境はさらに悪化し、労働者は生産や政治に関して苛烈な監視を受けたが、それでも軍需品生産のサボタージュや山中にこもるパルチザンへの情報提供が続けられたのである。[*80] こうした根強い抵抗運動の基盤には、長年にわたり中央権力から虐げられてきたオッソラ住民の反発が組み合わさっていたことは否定できない。

オッソラ谷がイタリアの他地域と異なっていたさらなる特徴は、九割以上という識字率の高さであった。一九世紀中盤から、オッソラは王国内でも初等教育が普及している地域として認識されている。市町村にあたる六〇のコムーネにおいて男子校が一つ、女子校が五つ足りないだけで、生徒数も毎年増加傾向にあった。これは、移民をした人々が郷里に無料の学校を創設したことによっていた。一八八〇年に兵役についた者のうち識字率は、イタリアの平均が約五一%、他国と比較してもオーストリア六一％、ベルギー七八％、フランス八六％、オランダ八九％となっており、オッソラはその水準を超えている。オッソラ共和国成立時にも、新しい新聞雑誌が軒並み発刊され、週刊新聞『解放（*Liberazione*）』は初版四〇〇〇部、毎号一万四〇〇〇部を発行し、新規刊行物の呼び水となった。そして様々な文書の刊行は、解放、民主化に関する意識の深化、住民の公的生活への大規模な参加を促していく。[*81] この現象は換言すれば、共和国が単に一部政治家とパルチザンのものでなく、多くの人々が関心を積極的に示した証左といえるし、その構造的基盤がすでに一九世紀から形作られていたと考えられる。

国境に隣接し移民を輩出している地域は、一般的に外国語もふくむ言語習得の必要性が高く教育熱心であるが、オッソラ地域の識字率の高さは群を抜いていた。そして、スイスやほかのヨーロッパ地域からの影響が歴史的に大きく、文明の交差点としての役割を果たしている。自分たちが外へ働きに出ると同時に、「余所者」も受け入れる素地があったからこそ、第二次大戦末期、オッソラはナチファシストの徴兵・徴用逃れ、イタリア軍逃亡兵、ユダヤ人、受難者、脱走した連合軍捕虜の「平和なオアシス」として機能したのである。それは、こうした避難民たちをかくまい、臨機応変に密輸業者と協力してスイス国境を越えさせるといった「非武装」抵抗につながっていった。この裾野の広い自律的支援と少数派による自覚的・政治的レジスタンスとの偶然ではない出会いが、オッソラ共和国樹立を可能にした。[*82]

オッソラ共和国が戦争末期の単なるあだ花でなかったのと同様に、オッソラ谷の特殊性のみを強調してイタリア一般とはかけ離れた事例と考えるのは適切ではない。新聞、世論に喚起された連合国側がオッソラをイタリア人の民主的統治の実験場として注目したように、この短命な共和国はイタリアと西欧民主主義を結ぶ紐帯となった。他方、連合軍指導部とりわけ君主制の存続を策動するチャーチルがイタリアの民主化を望みつつも、左派共和制を許さない姿勢であった推移を考え合わせれば、オッソラ共和国が戦後の共和制と密接に連動していた点が理解できる。また、オッソラ共和国を積極的に支持した人々の大半は、ファシズム期の前に戻すというだけでは満足せず、国家の根本的刷新に期待をかけていた。[*83] そうした発想は、戦争末期の混乱から突発的に生まれた願望ではなく、一九世紀以来オッソラが歩んできた道と不即不離であった。この独自性と普遍性をどのように考えるかが、戦後イタリア民主主義の誕生に大きな示唆を与える鍵となろう。

(3) ナチファシストからの解放

パルチザンによる各地の解放を考える場合、ナチファシストの支配がどのようなものであったかの検証も必要となる。一九四三年九月にバドリオ政府と連合軍との休戦条約調印、ナチ親衛隊特別部隊によるムッソリーニ救出などが続く中、ファシスト側はドイツ軍の支援により北イタリア各地を奪還していった。新たに任命された知事は、到着と時を分かたず公秩序についての宣言を発し、三人以上が集まることも処刑の脅しをもって禁じている。さらに、イタリア軍の軍籍を有していた者の出頭を求め、従わなければ銃殺にすると警告した。実際、ムッソリーニとアドルフ・ヒトラー（Adolf Hitler）への忠誠を拒否した将兵には制裁が加えられ、ナチファシストに動員されることを拒否するには、逃亡するしかなかった。[*84]

ドイツの傀儡政権と見なされるイタリア社会共和国は、最初の徴兵を一九四三年一一月に始めるが、実際のところ一九四三年末には、七〇の軍管区をドイツ軍がコントロールし、兵士の訓練、物資の集積、統治の運営を担った。しかし人員の不足に悩まされ、ファシスト党は初めて黒色旅団の女性隊員コースさえ設けたものの、三万人のミリシア（義勇兵）も兵器不足で実際に動員できるのは一万七〇〇〇人程度であった。黒色旅団はドイツの親衛隊を模して党の軍事化を図ろうとしたが、ドイツ軍は装備も貧弱で訓練も足りない老若男女の党員たちを作戦遂行のお荷物と見ていた。ドイツ兵はパルチザンを憎んでいたが、軽蔑はしなかった反面、ファシストを軽蔑していたとの指摘が存在する。ドイツ軍は疲弊していて可能な所では個別に休戦を図る一方で、彼らの怒りが戻ってくると取り決めを破り殺戮を行なった。[*85]

オッソラ地域に限っても、一九四三年九月から一〇月にはドイツ親衛隊がマッジョーレ湖周辺で大量のユダヤ人を子供、老人もふくめ虐殺している。殺されたユダヤ人の多くはミラノ、トリノ、さらにはギリシアやほかのドイツ占領地域から逃げてきて、スイスへ向かおうとしていた。加えて、捕まった若者たちは家畜の如く貨車に積み込まれドイツへ送られ、戦争に辟易していた住民たちでさえ野蛮との戦いを決意する。そもそも当時のオッソラに住む八万人のうち、二万人が都市からの避難民で、しかもファシストは数百人しかおらず、多くの住民はファシズムがローマのもので自分たちと無縁と考えていた。そうした中、ドイツ軍の蛮行を目の当たりにして、農民、労働者は逃亡兵、連合軍捕虜をかくまった。パルチザンの大半は労働者の息子たちであったが、経営者たちも従業員が徴兵されたり、ドイツへ連れ去られることを妨げ、生産の縮小を感づかれないよう画策する。また、生産物を輸送しなければならない場合は、パルチザン側へ道路や鉄道の遮断を要請した。[*86]

他方、イタリア社会共和国がノヴァーラ県知事に任命したエンリーコ・ヴェッツァリーニ(Enrico Vezzalini)は、ムッソリーニ追い落としを図ったファシストたちを裁くヴェローナ裁判に関わり、ノヴァーラでも知事として六〇〇名を殺すことになる。彼によれば、「私は裏切り者、臆病者にはパンを与えぬ。ギャング［パルチザン　訳注引用者］はファシストの息子たちではない。もし住民が我々を助けないのなら、住民を守る手伝いはしない」と宣言し、ワインを片手にパルチザン殺害を命じるような指揮官の率いる特別部隊を編成する。それでも、ドイツ軍との摩擦に限らず、ファシスト部隊同士も嫉妬や怨恨がもとで分裂しており、有効な協力体制は困難なままであった。[*87] 自陣営内における戦闘部隊間の確執は、パルチザンだけの問題ではなかった。

ナチファシストと対照的に、一九四四年九月一〇日のドモドッソラ解放直後から、パルチザンの司令官は国民解放委員会の名でドモドッソラ住民に向け公秩序を保障すると布告した。住民の生命財産に対する侵害は軍事規定により処罰されるとして、市民への責任を人道の精神から明示し、大衆によるファシストへの報復も阻止しようと試みている。同日、一〇時にパルチザンが街へ入ると、数千人の人々は熱狂的に歓迎し、予期せぬもてなしとなった。[*88] パルチザン蜂起を内戦の一当事者が起こした暴力事件と見なす解釈は、解放闘争を善悪二元論で位置づけないにせよ、レジスタンスがファシストとは異なるという本人たちの矜持のみならず、住民の反応も考慮にいれる必要があろう。

たしかに各部隊の指揮官たちには、ドモドッソラ入城の時点で敵から武器を奪ってすぐ山へ戻ろうとする動きがあり、前述したモスカテッリが当初示した反応と同様に、安全なスイスから到着した政治家たちへ違和感を抱く者もいた。また、パルチザンは法的規範の外で活動していたため、行政府が優先した公秩序と合法性へのこだわりについて、双方間の溝を埋める努力が不可欠となる。とくにオッソラから離れた中央権力内部では、無規律、横暴、強奪が顕在化していると取りざたされ、徐々にパルチザンは住民から疎遠になったとの指摘さえ存在した。しかし、多くの苦情の後、行政府は部隊指揮官たちと交渉して、徴発の実施は文民監督官によりなされることが合意され、パルチザンと治安をあずかる国民防衛隊の関係も調整されるようになった。[*89]

ナチファシストのオッソラ奪還を目指した攻勢が始まると、一〇月一〇日から大規模な脱出が続いていく。ムッソリーニの意向で対ソ戦に息子を出征させ、今度はイタリア人同士の殺し合いに巻き込まれた家族が逃げ出すのも当然といえよう。スイスへは近現代一五〇年の歴史にないほど多数の負傷兵が搬送される。定住人口の約半数にあたる三万五〇〇〇人がスイスへ向かったが、無論その中には血なまぐさい報復を恐れただけで、オッソラ共和国に幻滅した人々も存在した。さりながら、残留の危険性は一層高かったと考えられていた。ファシストはパルチザンの亡骸を引き取る行為さえ許さなかったが、ヴェッツァリーニ知事は閑散として歓迎する者とてないドモドッソラを見て、ムッソリーニへの報告書においてさえ、「魂の再占領」はこれからと書かざるを得ず、人口の四分の三にあたる六万人が逃亡したと記している。[*90]

戦後イタリアを代表するデザイナーとなるアルベ・スタイネル（Albe Steiner）は、ドモドッソラ解放宣言を行なったヴァルドッソラ（Valdossola）部隊の宣伝担当として共産党から派遣されていた。彼は九月一〇日の時点でパルチザンを歓迎した人々を以下のように描写している。

数千人の人々が物質的利害を忘れて、人間関係、他人との愛情や友情のみを求めて集まっていたように見えた。[*91]

スタイネルの印象には、ドイツを敵視するナショナリズムも、偏狭な郷土愛も見られず、むしろ愛他主義的感覚が満ちあふれている。これはファシズム後の民主主義とどのように結びつくのか。また、オッソラ共和国が求めた将来像の普遍的意味はどこにあったのだろうか。ここでは、オッソラ谷に特徴的であった教育の側面から、戦後に向けた理想社会の一端を垣間見ることにしたい。構想段階に留まったとはいえ、多くの示唆を与えてくれるからである。

教育に関する解放後の斬新な動きとしては、一九四四年一〇月二日の教員労働組合の立ち上げが注目される。これは教員、すなわちブルジョワである国家公務員が公的に労働者の側に立つことを示した最初の例の一つとされている。[*92]そして、新しい教育プログラム準備の基礎となる以下の教育憲章が編まれた。

イタリアは精神的に自らを再構築してヨーロッパ社会、世界の中で良心に基づく変革を遂げる必要がある。ゆえに学校は党派人や超人を作るのではなく、人間を作るべきである。……独善的方向や、へつらう傾向を排し、人の本質に関わる文学、歴史、哲学、教育学、経済学について最新の教科書と純粋ではっきりとしたプログラムを提示することが喫緊の課題である。[*93]

ここでもナショナリズムの視点は遠ざけられ、普遍主義的な理念に基づき、具体的なプログラムが策定されていった。体育から軍事的様式を取り去る。教師は市民の形成に寄与する。共和国は学識豊かで、礼儀正しく、かつ素朴で、しかしファシストのように文化を軽蔑しない。こうした一連のプログラムは、多くの若者が専門・実務教育を受けられず失業していた状況では、教育内容で古典に偏りすぎとの批判を受けたが、外国語学習の強化により国際理解を深める試みもなされた。当初新たに作成を試みた教科書も新学期に間に合わないため、スイスからの調達を図ったが、新学期の開講を待たず、共和国はその命脈を絶ってしまった。[*94]

教育の刷新は、子供たちへの福利厚生とも関わっていた。ファシストの青少年組織バリッラ

（Balilla）の施設、食糧などを学校に提供する試みと同時に、学校が軍事部門に占領されている状態を解消して、市民的利益が重視されていく。それは学校の機能を戦時でも優先し、社会福祉事業の一環として位置づけ、非常時から正常な感覚を取り戻す方途の一つと考えられた。[*95] 行政府において教育、文化、福祉担当でキリスト教民主党代表委員のカバラ（Gaudenzio Cabalà）司祭は、教育と自由の不可分性を訴え、以下のようにファシスト支配からの解放を唱えている。

不適切、愚劣なものを一掃してこそ、教育の責任を果たせる。専門的能力や教師の功績のためでなく、具体的な授業の改善を図る。過去を単に賛美し、野心をつついて欲望に駆り立てて、正義を寝かしつけない。屈辱を被ってきた教員たちも、若者の魂、家族の評価を再獲得し、自負と満足をもって若者の理想に火をつけ、良心に生命を与え、文明の徳への奉仕を社会に復活させる。暁は新しい仕事の輝ける一日を約束する。長き夜で深い眠りにあった我々の心を急ぎ揺り動かそう。[*96]

同じく行政府で教育改革を担った社会党代表委員のマリオ・ボンファンティーニ（Mario

Bonfantini）は、自身が仏伊文学研究者であり、トリノ大学の恩師やフライブルク大学から教授を招き、改革を推進した。倦むことなく撰集も公刊し、人民大学を創設し、自ら教鞭をとってヨーロッパ近代史を週三回無料で講義している。ナチファシスト軍の攻撃が始まる直前でも、映画館の会場には一五〇人を下らない人々が講義に参集した。彼は敵が今晩にも攻めてくるかも知れないと告げたうえで、もし望まれるなら講義をしますと微笑んだ。もっとも重要な要素は、新しい民主的生活への住民自身の参加だった。ボンファンティーニのオッソラ共和国最後の授業に人々が大挙して集まったのも、政治的冬眠から人民が覚めた証となった。[*97]

さらにオッソラ共和国は、イタリアがファシズム体制成立前から実行してきた帝国主義さえ批判する姿勢を表明していく。行政府内の共産党代表委員ですら、リビア戦争を不正義の戦争と捉えず、オスマン帝国の抑圧的政府を排して、イタリア農民が豊かな土地に変える可能性を示唆していただけに、その先進性は際立っていた。[*98] イギリス外相アンソニー・イーデン（Anthony Eden）がイタリアから植民地を取り去ると宣言した際、「我々は賛成であるが、それは自由の回復であって、戦利品分配にしてはならない」とのコメントが出された。[*99] そして、ファシスト知事の解任やイタリア社会共和国に貢献した人々への支援停止と並行して、エチオピア戦争における連盟の制裁に対する非難を記した碑文さえ撤去している。「戦勝国イタリア」として植民地の保持に期待をかけるローマ政府や、左派もふくめた対外膨張への反省のなさが目立つ当時の実情を考えれば、新聞紙上でアジア、アフリカ、南米の問題についてまで議論していたオッソラ共和国は、国際認識の面でも明らかに革新的であった。[*100]

このような強者の指導原理に基づく上意下達を避ける一貫した態度は、教育、対外姿勢においても顕著で、戦闘継続中ながら文民統治の発想法が強固にうかがえる。共和国臨時行政府の樹立宣言にさえ異議を唱えた北イタリア国民解放委員会も、オッソラが世界から注目されていると指摘し、アルジェがフランスに対して示した位置をドモドッソラが担えると計算した。すなわち、アルジェ委員会が暫定憲法を決め、フランス解放後にすぐ発効され、英米両国が承認したのと同様の展開を期待して、中央権力はオッソラに暫定憲法草案まで提示している。しかし、その皮算用が透けて見える暫定憲法規定には、人権条項が存在せず、統治構造のみが列記されていた。[*101]他方、権力や利害から距離をおく人間の尊厳は、オッソラ共和国における教育や世界像をめぐる普遍的理想の中にもっとも表わされたといえよう。

連合国や中央権力から支援なき干渉を受けながら、住民の困窮状態とナチファシスト軍の反撃への対処を迫られた共和国臨時行政府は、その短い施政期間にむしろ際立った活動を展開したのである。[*102]オッソラを代表してティバルディ首相は以下のように述懐した。

臨時政府の過ちは、ほかからの約束を過剰に信頼したこと。事後的な批判は可能だが、行動主体の意志を越えた状況に左右されていた。たしかにオッソラ共和国は提案した目標を達成できなかった。それでも民主的政府の一例を示し、厳正な行政を試み、市民的共同生活を基礎に法律を制定し、極端さや報復を避け、秩序と正義を保障し、革命政府の独創的先例を示し、死刑判決を出す必要もなかった。*103

次節では、自制心と自省能力に優れたオッソラ共和国の民主主義をめぐって、どのような理念と行動がいかに営まれたのか、考察していきたい。

2　オッソラ共和国の諸相

(1)　臨時行政府の役割

ここでは、オッソラ共和国を分析する際、軍事的史料・証言の膨大さから見失われがちな文治の側面に主として着目し、具体例を通して各行為の目標、論理構成、課題を検討する。パルチザンの「英雄的冒険談」に終始せず、指導者のリーダーシップに特化した叙述を避けつつ、臨時行政府の制約下における思想、行動様式、構造を意識して分析する。それは快刀乱麻を断つようなトップダウンの解決策からは程遠い、切迫した軍事的危機においては考えにくいはずの熟議型民主主義の萌芽でもあった。

a．民主的調整機能――エットレ・ティバルディ

一九六八年九月に八一年の生涯を閉じたティバルディは、学生時代に社会党に入党し、反ファシストとして大学を追われ、ドモドッソラの市民病院に就職し、警察の監視下におかれながら、オッソラ・パルチザン運動の結成者の一人となった。彼は高名な医師、ロマンチックな社会主義者で、正義と自由を追求する教授だったと評される。ティバルディが副議長を務めていた上院議会における彼への追悼演説や一連の死亡記事の中でも目を引くのは、彼が闘士であると同時に行政の専門家で、オッソラ共和国があたかも一〇年続くかのような知恵と先見の明をもって活動したと指摘される点である。また、ティバルディの人生は、数知れない試練に立ち向かいながら自由、民主主義、正義に依拠した信頼できる行動を常に刷新し続けた。彼の平等・公正な態度には、反対者もふくめ賞賛が寄せられている。*104

こうした美辞麗句に紛れて保守系新聞の記事にティバルディが「ハンサム、思慮深く、無口でよそよそしく、自分にも他人にも厳しい」という叙述があるのは興味深い。[*105] 彼は共産党も異端視しなかっただけでなく、その共産党を除名されていたテッラチーニと親密で、事務総長として重用した。二人はアイロニーを解し、貴族的な距離感があった点で共通し、よく谷間の村々を一緒に訪れたという。[*106] 実際、これまでにふれた彼の発言を見ても、自ら行なった事績について突き放した感慨を述べていることに気づかされる。ここにティバルディの資質として持ち上げられる徳目、愛され尊敬される調整者像とも、ムッソリーニのような権力拡大と対外膨張のための調整者像とも異なる実相が垣間見える。[*107] すでに記述してきたように、オッソラ共和国は成立前後から深刻な内部対立を抱えており、諸勢力間の仲介が必要となっていた。特定の道徳や情に訴えた妥協要請は困難で、客観的原則に則して調整を続けられたのがティバルディだった。

ムッソリーニがもめごとの処理を内輪で恣意的かつ権威主義的に調整したのと対照的に、ティバルディは公に示せるような合理的基準を調整の方法として採用した。すなわち管轄権を明確にして、力関係による一方的な権力行使を封じ、複数の措置が講じられたのである。パルチザン部隊と権限争いが生じる徴発や税の取りたては、憲兵、財務警察、森林警備隊によって構成された国民防衛隊が担った。国境警備、公秩序の維持に加え、政治・経済的市民生活の再編という厄介な任務が課せられたが、国民防衛隊は装備も貧弱なことから、無視される事態も起きていた。このため行政府と現場の意見として、国民防衛隊や政府の身分証を所持する者が駐屯地の監察を行ない、国境警備がほかの勢力の介入を受けない、といった権限の保障を軍司令官全員に要請している。[*108]

独裁的権力に依存せず、制度としての調整を重んじる合法的志向性は、民主主義への復帰を促す契機ともなった。後述するヴァルドッソラ部隊内で生じた一触即発の緊張状態についてもティバルディは仲介を行なったが、それは彼のカリスマ性をもって収めるというより、第三者機関に判断を委託して、冷却期間と組織的決定を担保する方法が選ばれた。実際、ナチファシストの反転攻勢が予想される中であっても、司令官をミラノに呼びつけ査問するという決定さえなされる。これが問題の根本的解決につながったかどうかは別として、こうした公的な場での議論を通じ、根拠のない非難は撤回せざるを得なくなり、公式の文書として残されていった。[*109]

またティバルディ自身も、テッラチーニとの関係を攻撃する言動に悩まされるが、複雑だったのはそれが共産党側と保守主義者双方からなされた点である。共産党代表委員エミリオ・コロンボ（戦闘名フィロパンティ Filopanti 本名 Emilio Colombo）は、実質的にはティバルディが首相でなく、テッラチーニが彼を操っていたかの如き発言さえしている。他方、ヴァルトーチェ部隊司令官アルフレード・ディ・ディーオ（Alfredo Di Dio）は、テッラチーニに「薄汚い犯罪の証」が刻印されていると非難し、行政府が社会主義者すなわち共産主義者に支配されていると語るようになる。これに対しティバルディは、行政府が全政党によって代表され、良き秩序と友愛的連合の精神に向け必要な公正性を守り続けていると反論し、彼の丁寧ながら断固たる言い方で、批判の権利を認めつつ連帯の必要性を強調したのである。[*110]

以上のような民主主義の行動様式に基づく論理構成でオッソラ共和国は運営されていったが、どのような目標が設定されたのだろうか。少なくともティバルディは、医師としての職業意識もあり社会保障に強い関心を示していた。共和国成立直前の一九四四年夏、イタリア人政治亡命者たちはスイスのルガーノに集まり、社会問題について議論し、医師、社会学者、政治家、組織者たちを中心として、戦後の国家再建に関する包括的原則を明らかにした。それは、全市民が加入、貢献できる社会保障国家を狙いとして、貧困および貧困の不安から解放されることが社会保障にはふくまれると確認している。すでにアメリカ大統領ローズヴェルトは「欠乏からの自由」を語り、大西洋憲章で労働の最良の条件、最良の物質的福祉と社会保障を請け合うと予告していた。しかし、一般的宣言には相対的価値しかないと、社会保障を法的権利として認め、イタリアが国際的規範に則って具体化する姿勢を示したのである。[*111] こうした流れは、イタリア共和国憲法における社会権の強調へとつながっていく。

　さりながら臨時行政府は、発足当初から食糧問題の対応に追われ、社会保障制度そのものを構築する余裕はなかった。スイス赤十字が送ってきた緊急援助物資の配分をめぐって、共産党代表委員として着任したばかりのコロンボ（戦闘名フィロパンティは「すべての友」を意味する）は、富裕層へ配給済みのジャガイモを供出するよう要求して、収奪されている階級に再配分することを主張する。ティバルディは、それではスイス赤十字社の規定に反すると異議を唱えたが、労働者、老人、子供、病人などへの配慮について、イタリア・スイス合同委員会、慈善委員会での検討を約束した。[*112] ここでも合法性にこだわるティバルディの姿勢は明らかで、第三者委員会への権力分散という制度的担保など、一貫した原則を重視している。

　ティバルディの主体的な参加を民主主義の基盤と考える思想は、オッソラ共和国終焉後も続いていく。彼はナチファシスト軍が迫る中、ぎりぎりまで留まっていたが、書類をトラックに積み込み、最重要なものは医師カバンに入れて携帯した。カバンには帳簿と政府文書を入れて越境し、その帳簿には寄託と損害が財産目録番号とともに記録され、共和国崩壊後も協力してくれた人々へ負債の返済を図った。彼はオッソラからの撤退準備中に、スイスへ向け工業製品の運搬を開始して、八万一三五〇キロの鉛と八万九〇〇〇キロの水銀を国境まで輸送する。それぞれ売却すれば、二〇〇万スイスフランと一〇〇万スイスフランの価値が見積もられていた。前者のうち一〇〇万スイスフランをティバルディが確保し、徴発で損害を受けた小規模所有者に対する補償への積み立てに充当する構想だった。ところが、ミラノの北イタリア国民解放委員会はパルチザン資金として水銀の利潤を吸い上げ、支援の手さえ差し伸べなかったローマのボノーミ首相は鉛の収益を折半にしようと試みる。鉛の売却価格が二〇〇万スイスフランを下回れば、当初の補償予定額にさえ到達しなくなるため、当然不満が噴出した。[*113]

こうして見れば、ティバルディが繰り返し中央権力に皮肉な言及をしているのも理解できる。民主主義の担い手は権力を有する支配者ではなく、主体的関わりを続ける住民であると彼は確信し、だからこそ個々のコミットメントに応え、もはや存続ができなくなったオッソラ共和国でありながら、なおその残存資産から徴発への補償を試みたといえよう。そして、彼のもう一つの大きなこだわりであった法治主義の復活を体現する存在が次項で扱う、特別裁判官（giudice straordinario）に任命された社会党弁護士エツィオ・ヴィゴレッリ（Ezio Vigorelli）となる。

b．法治主義の回復――エツィオ・ヴィゴレッリ

ティバルディより五歳若かったヴィゴレッリも、一九二一年に社会党員となり、ミラノ市議会

議員を務めていたが、ファシストの暴力にさらされ、二度の収監を経験している。一九四三年九月にスイスへ逃れ、翌年六月には二人の息子をナチファシストに殺されたが、オッソラ共和国では特別裁判官を受任する。臨時行政府成立時においては、長期のファシズム体制の害悪が人々をむしばみ、他人の意見に狭量な態度をとる、強制に慣れた心理状態から権威主義的に問題解決を図るなど、ファシストと変わらぬ争気が横溢していた。ティバルディは、こうしたファシスト的行動様式克服のためにも、客観的原則に基づく司法の修復者としてヴィゴレッリを抜擢したのである。さらに、外国人ジャーナリストの報道から連合国はオッソラへの注目度を高めており、共和国を敵視するローマの政治家もパルチザンの「悪政」について情報を集めていたことから、ヴィゴレッリのような民主的適性を有し、経験ある誠実な人物を法治主義回復の任に当てる必要があった。[*114]

彼はオッソラ共和国が死刑を避け、最大限の寛容を示すよう尽力し、市民生活の基礎に司法をすえた。ファシストに対しても司法の公正は確保され、アセスメント担当者へ外部の影響が行使されぬよう慎重に配慮された。殺害、拷問、放火などの被害者とその家族は、ファシストの暴力発生時には不在だった亡命者たちに裏切られたという印象を当初抱いたが、ヴィゴレッリは収容施設入口に立ち塞がってまで、被疑者の引き渡し要求を阻止し、共和国の良心を普及させていく。彼の対応は個人的判断のみに頼らず、裁判官は被疑者逮捕後、二四時間以内に警察から連絡を受け、起訴の可否を決定し、釈放する場合には警察署長の意見聴取も条件となった。こうした制度的な手続きを踏まえる公正さは、法治の復活を明示する端緒であった。またヴィゴレッリは、ファシストの被疑者たちへの判決について、より冷静な評価が可能になるまで延期するという厳しい決断を下している。[*115]

ファシストの被疑者は、出廷を求められても、パルチザンや住民に危害を与えないと判断されれば逮捕もされなかったし、逮捕者の家族についても食糧が保障されていた。なおかつ共和国は、ファシズム体制が実行した峻烈な支配との違いにこだわり、被疑者の人格をないがしろにせず、街の劣悪な監獄を廃止し、新たに人道的な収容施設を作った。パルチザンは二〇〇〇メートルの高地で毛布一枚で過ごしているとの不満が出る中、新収容施設では一〇月から暖房をいれ二枚の毛布を支給している。加えて病人には特別食まで用意され、意志に反する強制労働も教育効果がないと否定された。このため、ヴィゴレッリは軟弱な司法官として非難されたが、被疑者の中にはパルチザンへ身を投じる者も現われた。[*116]

ティバルディとテッラチーニは彼を支え、共和国が死刑を避け、最大限の寛容を示すことに尽力している。その努力は、ナチファシスト軍が侵攻してきた最後の瞬間まで続けられた。敵が迫っている最中にファシストを解放するのは敵の数を増やしているだけ、という批判も甘んじて受け、ティバルディは収容者を放免した。たしかに、放免された者の大半はスイスへ向かったが、さっそく数日後にはファシスト・ミリシアに志願している者もいた。テッラチーニも、スパイと窃盗の容疑で捕らえたファシストを雪の山中を連れて歩いた後、堪忍の光景を目の当たりにする。ヴィゴレッツリは司法手続きに沿って裁定する余裕もないまま、スイス国境まで到達したが、スイスの武装警官ともめる原因になった。解放するか、抹殺するかという選択を迫られたが、寛大さが示され、四人は手錠を外され、仰天しながらも急いで草むらに消えていったという。[*117] テッラチーニは、二〇年近い獄中生活を送り、共産党から除名されながらもティバルディとともに歩んだオッソラ共和国の経験を総括して、その意味を以下のように語った。

オッソラの重要な仕事に参画できたことは自分の政治的経験とイデオロギーの形成に豊かさを与えた。倫理的支えと信頼を救い出し、二〇年間社会から隔離された後、自分の精神と知的初々しさ、革命的良心を再確認させてくれた。[*118]

たとえば、前述したグラヴェローナの戦闘でナチファシストに捕まった五人の負傷兵が即時処刑されたことと比較しても、オッソラ共和国が示した寛容の精神は、イタリア全体のパルチザン戦争を通観しても例外的であった。敵に追われたパルチザンがファシストの捕虜を銃殺にする事態は個々に存在したものの、それでもなお処刑は復讐であってはならないと、拷問を経験した兵士は現場の即決裁判に介入しなかったとの記述がオッソラには見受けられる。[*119] そうした状況下で行政府指導部が、自分たちの生命さえ危うい撤退の局面においても、敵を放免していった事実は特筆に値する。オッソラ共和国が戦争という惨事に直面しながら、法治主義を守り人道的選択をしたことは、戦後の共和制における死刑廃止の再実現への道筋をつけたともいえよう。

c．女性の位置づけ――ジゼッラ・フロレアニーニ

オッソラ共和国成立時に弱冠三八歳だったフロレアニーニ（Gisella Floreanini）は、共産党から二人目の代表委員として臨時行政府へ推薦され、イタリア近現代史上初の女性閣僚と位置づけられることも多い。しかし彼女の人生は、社会主義を信奉する父親の事業失敗にともない、ピアニストとしての道をあきらめる挫折に始まり、反ファシスト活動によるスイスへの逃亡、離婚など波乱の多いものであった。スイス時代には国際労働機関（International Labor Organization）とも接触をもち、一九四一年末には共産党へ接近する。オッソラ解放区内では、若者と大衆組織が労

働評議会の復活を主張したのと並行して、「女性防衛グループ（I Gruppi di difesa delle donne）」が結成され、政治・宗教的信条から独立して、自由のためにファシズムと闘い、故郷再建を目指し、すべての民主化事業、政府機関への参加を要求していた。グループの集会では会場が一杯となり、生活・労働条件の改善が唱えられている。[*120]

テッラチーニは、フロレアニーニの閣僚就任を民主制の一つの到達点として強調する記事を書き、彼女もこれがオッソラ共和国における民主主義の成熟度を示すと回顧している。それは女性たちが果たしてきた役割への正当な評価であり、行政府の男性たちが軍人でなく政治家たちで、ほかの解放区とは異なる経験の持ち主であったことを表わしている、とフロレアニーニは続けて記した。彼女は、まず自らが担当する部署の名称を「慈善（beneficenza）」から「支援（assistenza）」に変更する。支援の本質は社会権と公的サービスであって、他者が施しを与える慈善ではないという、国際労働機関に接して学んだ福祉の近代的視角を導入する試みとなった。そして、行政府の「新しく民主的な基礎」により公的介入を組織化する方向性が主張されたのである。[*121]

フロレアニーニは、配給の合理的制度が欠けていると気づき、民主的規則を尊重し、最大限の平等を保障すべく、統一的徴収、区分別課税と、正確な情報に基づく分配に関する詳細な計画を提案した。この構想を実現させるには、調整イニシアティヴと非集権的支援が必要で、家族の単位にもっとも近い地域の行政を運営の中核にすえるよう要請した。彼女自ら、市長たちを説得するため、オッソラ各地へ出向き、医師、教区司祭をふくむ、様々な代表組織とも接触していく。結局、彼女の計画は棚上げとなるが、行政府は資金を市町村に配り、分配を任せる分権的方向を維持した。フロレアニーニは、武器なき新たなレジスタンスで故郷の再生を図り、とりわけこの「レジスタンスの貧しい人々」こそ市民的・文化的信念の担い手で、国民的独立と文明の献身的建設者であると明言している。*122

支援を渋る連合軍と異なりスイスは、食糧を中心とする救援物資の送付に留まらず、一五〇〇人の子供を受け入れると申し出た。赤十字、鉄道との協力に加え、修道女、医師などの助けを借りて、ナチファシストの攻撃開始直前に、フロレアニーニは五〇〇人の子供たちを連れて列車でスイスへ向かい、家族と別れるつらさを軽減させた。しかも共和国は、敵の侵攻を目前に控えながら、子供たちがプロテスタントの家庭で、たとえばマリアの処女性が否定されてトラウマに苦しまぬよう、司祭の随行さえ検討していたのである。フロレアニーニは終戦後の制憲議会選挙で落選しても、院外で貧しい家族に対する支援を続け、一九四六－四八年には「幸せの列車」を組織し、七万人の子供を南部から中・北部の家庭へ、子供たちの健康が回復するまで一時滞在させる活動を続けた。*123

だが彼女の戦後における歩みは、イタリアの女性政治家たちが辿った茨の道そのものであった。「女性防衛グループ」で女性解放運動に邁進した後、一九四五年に「イタリア女性連合（L'Unione donne italiane）」の創設に関わり、ヨーロッパ大の組織化を試みるが、「先進的」すぎると孤立することになる。制憲議会選挙においても、オッソラ共和国行政府メンバーの多くが当選を果たす中、ミラノから立候補して落選し、五五六名の議員中女性が二一名で三・五％のみだった状況を反映していた。一九四八－五八年には二期にわたり議員に選出され、出産乳幼児保護法案や男女賃金の平等化を推進し、既婚女性解雇反対、「私生児」保護、「売春宿」の禁止、「売春婦」搾取反対、草取り作業員保護法案署名など広範な案件に取り組み、男性であれば政治的実績と評価された可能性は大きい。しかしフロレアニーニの場合、離婚歴を党が問題視して、ますます男性の影に追いやられる形勢となる。実際、彼女は一九五八年に指導部入りするが、一度も党中央委員には選ばれなかった。そして、ヨーロッパ議会選挙では有効票が足らず、ピエモンテ州の候補にすらなれなかった。*124

オッソラ共和国が男性優位社会をどの程度克服していたか、については議論もあろうが、それまで女性が参画できなかった行政職のトップにフロレアニーニを選んだ事実は重要である。そして、ティバルディと同様にフロレアニーニも、社会福祉を受けることが個人の権利である点に着目し、一貫して合理的制度による民主的対応を弱者支援の根幹にすえていた。こうした意識は、単に行政府の主要メンバー間だけで共有されたのではなく、民主的統治を求める労働者、女性、若者といった権力中枢から遠ざけられてきた人々も統治への参加実現に向けて、分かちもっていた。ただし、最終的「解放」の達成とともに政治が「日常」へ回帰するにつれ、周辺の人々が再び後景に退けられていく。他方、イタリア共和国憲法においては第一条で社会権を強調する姿勢が示されており、その根幹理念がオッソラ共和国から受け継がれていた側面も強い。

(2) 戦争と民主主義の行方

オッソラ共和国における文民側の統治について論じてきたが、パルチザンの共和国という位置づけである以上、パルチザン指揮官をめぐっても検討が必要となろう。ただし、ここでは軍事組織の民主的統制に関する問題を中心に分析する。それは、ファシズム体制が文民の軍事化、軍事的論理の民間領域への介入を際立たせていたのと対照的な特徴を示す意味もある。また、分裂状態に陥ってもおかしくない緊迫した政治対立を内包した部隊内・間の確執の中で、どのように協同がかろうじて保たれたのか、を考察したい。

a．自由な冒険者――ディオニージ・スーペルティ

一九〇二年にナポリで生まれたスーペルティ（Dionigi Superti）は、一九四三年一一月にティバルディと会い、六〇人余りの森林警備隊員、逃亡兵を反ファシスト武装勢力として指揮するに留まらず、一九一九年から共和党員に登録し、共和党のチプリアーノ・ファッキネッティ（Cipriano Facchinetti）などと協力し、社会主義者から君主主義者までをふくむヴァルドッソラ部隊を作りあげた。一九四四年九月一〇日のドモドッソラ解放宣言も、地元住民の意見聴取を盛り込んでおり、スーペルティが準備した。パルチザン以前の経歴には不明な点が多く、エチオピア戦争中はスイスで武器密輸監視に当たっていたと証言しているが、イギリス諜報機関のスパイとして結論づける告発文書さえ残っている。[*125] しかし、彼に関する叙述として正鵠をえていると思われるのは次の二つであろう。

彼は良き時代の冒険家――いい車、いい女、いいホテル、いい机。公的に特定政党へ傾斜することは英雄、征服者の役割を放棄させるものと考える。スイスに行ったのもイギリス人との会合のためでなく、ティバルディ、ヴィゴレッリ、ファッキネッティなどと接触し、国民解放委員会代表に会って資金を得るため。私は彼がイギリスの秘密諜報員とは思えぬ。政治

コミッサールに反対したのも、彼の行動が政治的先入観によって制約されるのを望まなかったからだろう。[*126]

スーペルティは二〇年後、自分は罪人で、パルチザンはそうした欠点ある人々の唯一の浄化槽だったと語っている。彼は空軍少佐と自称していたが、別の人々は彼を大佐と呼び、どこから来た何者かを知らず。フィウメでダンヌンツィオ（Gabriele d'Annunzio）といたとか、アフリカで見たとか、聞かれても彼は黙ってほほえんでいるのみ。……告白することが多すぎるのか、少なすぎるのか、真の冒険家なのか、それを演じているのか。……それでもパルチザンたちは彼を愛していた。彼らにとっては、スーペルティが勇敢かつ公平な男であると知るだけで十分だった。[*127]

実際、彼は衣服、食事など隊員の状態には細やかな配慮をして、最大限改善の努力を続けていた。政治コミッサールの受け入れには反対したが、共産党の宣伝に規制をかけず、ガリバルディーニのシンボルである赤いネッカチーフも、共産党系パルチザンの歌も禁じることはなかった。ヴァルドッソラ部隊に共産党から派遣されたスタイネルは、スーペルティとの関係が良好で、思想と行動について完全な自由を与えてくれたと証言している。また、「年老いた家長のように温情主義的」であったが、権威主義的に抑圧することもなかった。スーペルティと好対照をなすのは、自律部隊ヴァルトーチェを率いたディ・ディーオの峻厳さであった。彼の反共主義は宗教的憎悪に近く、ガリバルディーニの赤いネッカチーフを汚らわしいもののようにズタズタにしたり、ヴァルトーチェの兵士を派遣して銃で脅してまで行政府の広報を赤い紙に印刷するのを中止させていた。[*128]

ディ・ディーオは、「我々は政治を行なわない」、「すべてはイタリアのために」と語ったが、共産党員から見れば、「すべては反共のために」を意味していた。これは司令官の言動に限らず、ヴァルトーチェ部隊の上級将校数人と従軍司祭が、スペイン内戦時のスペイン共和国に対する戦争は正しかった、第二次世界大戦初期のフランスとの戦争は正しかった(ナチ・ドイツの対仏侵攻後、イタリアもフランスに宣戦)、行政府の役割はヴァルトーチェ部隊によって取って代わるべきなどと放言する事件も発生した。同席した別の将校と兵士の一部は、彼らの発言に納得できずスーペルティのヴァルドッソラ部隊へ移るのに合わせ、ヴァルトーチェ部隊に対して必要な措置をとるべきと国民解放委員会、オッソラ共和国の追放委員会にまで通報したのである。ここで重要なのは、単なる個人的な党派対立で終わらせず、公的な場で批判を展開し、処分を求めるという態度が末端の兵士にまで浸透していた点であろう。[*129]

第三者機関に部隊内で生じた軋轢の調停を求める動きは、スーペルティにも厳しい形で降りかかった。一九四四年六月におけるナチファシストの掃討作戦で著しい損害を被ったヴァルドッソラ部隊では、彼の指揮に対する不満が噴出した。これに加えて、彼の副官が部隊をガリバルディーニの勢力下におこうと画策し、部隊の資金を横領したとしてスーペルティを国家反逆罪で告訴し、スーペルティも副官を逆告訴するという泥沼状態に陥った。スーペルティの逮捕、解任、銃殺といった計画が露呈し、彼の暗殺を命じられた兵士が吹き込まれた情報の虚偽に気づき難を逃れるという事件さえ発生している。結局、八月にガリバルディ第二師団を作って、問題の副官を指揮官にすえる形で事態は収束させられたが、この間もオッソラ解放の戦闘は続けられており、内憂外患の薄氷をふむ勝利であったことがうかがわれる。せめてもの救いは、告発を審査した委員会において、スーペルティにかけられた嫌疑が証言を通じて根拠のないものと明確に否定された点であろうか。[*130]

こうした第三者機関の裁定がオッソラ共和国の解体をかろうじて防いだと結論づけるほど単純な状況ではなかったが、最終的にティバルディが両者の仲介をして和解へとこぎつけたとの記述もある。しかし、スーペルティは政治的確執に嫌気がさしたのか、戦後は商業に従事し、数年イタリアで働いた後、オーストリアへ移住し、政治から距離をおいたままマドリードで死去した。本項冒頭二つの証言で見られた如く、親分気質の冒険家というのが、もっとも彼らしい生き方のようで、ナチファシスト軍の攻勢でオッソラから退去をする際には泣いている彼の姿が目撃されている。また、スーペルティは敵に対しても情け深く、ほかのパルチザン部隊の厳格さに歩調を合わせたように見せかけながら、銃殺に処したはずのファシストが実際には獄中で生き延びていたとの逸話も存在する。[*131] スーペルティの場合、公的で論理的一貫性を重んじたティバルディやヴィゴレッリのような正義と公正の思想とは異なる、自由な個人の気概を示した一服の清涼剤なのかも知れない。

b．パルチザン伝説――ヴィンチェンツォ・モスカテッリ

モスカテッリは、鉄道員の父をもち、七人兄弟の四番目というプロレタリアートの家庭に育ち、子供の頃から鉄道員サークルや地域の労働評議会に通い、社会主義に近づいた。これまで論じてきたオッソラ共和国の登場人物たちと異なり、一二歳で学業をあきらめ、見習いをしながら夜学の専門コースへ行き、機械工場の旋盤工となる。ミラノの自動車企業アルファ ロメオ（Alfa Romeo）で働いていたが、ファシストに訴追され、非公然活動を続けた後、一九二七年にスイス

へ出国した。一九三〇年六月に偽名で帰国したものの、逮捕され一六年六カ月の懲役刑を受け、公民権も停止された。しかし、一九四三年一〇月に助け出され、戦闘名をチーノ（Cino）としてパルチザン闘争に加わり、当時三六歳ながらオッソラ解放を担い、一躍歌にも登場する伝説的人物となる。[*132]

彼の基本方針で注目されるのは、人命を浪費するような向こう見ずな行動を避け、集団的衝動さえ一貫して制御しようと試みた点である。突発的な英雄行為とは無縁で、住民との関係を良好にすることで、いつでも支援を得ることができた。保守層はモスカテッリと無関係な残虐行為を言挙げしたり、共産党は彼の名声を利用して各地で宣伝に利用したが、彼は「清廉、善良、寛容、親切」な姿勢を崩さなかった。実際チーノは、ドモドッソラ解放直後においても共産党員であるがゆえに街へ入るのさえ妨害される中、ようやく到着して真っ先に赴いたのは病院だった。敵方もふくめ負傷者を見舞ったチーノは、ファシストが微笑んで彼の手に接吻をすると、身をかがめて抱擁したという。[*133] 命のやりとりをした相手さえ赦すという態度は、戦争の時代だからこそ平和な再建への試金石となっていった。

「モスカテッリの神話」という表題のパルチザンたち自身が編した回想でも、勇ましい戦闘場面は登場せず、以下のような記述が続いていく。

政治コミッサールで、教育と宣伝に当たり、肝心なことのみを語る。数百人の人々が助力を求める。誰がパルチザンに靴を与えられるか、ファシストに放火された住民への補償、義勇兵への志願、人々が求める助言、情報について、よく聴き適切な言葉を語る。……神話ならロマンあふれる指揮官、変幻自在の匪賊であったとしても、現実はかなり違っていた。彼は組織者で、政治生活の経験をもち、大衆を理解し、規律獲得の術を知る闘争者であった。空爆、破壊への対応、子供の保護に当たる。……武器をとる代わりに自由の仕事に就く。ノヴァーラの人々はチーノが新しいイタリアの復興を目指し、ともに進んでいくと確信。[*134]

ここで問題になるのは、スーペルティも警戒した政治コミッサールの位置づけである。この制度がスペイン内戦から持ち込まれたことへの違和感だけでなく、自律部隊から抵抗を受けた最大の理由は、政治コミッサールが署名をしなければ命令も発せられないという制度上の縛りにあった。他方、兵士と住民の間を接近させ、日々の政治教育、国民解放戦争の動機づけを広め、パルチザンが積み上げてきた経験の触媒になる役割が想定されていた。共産党の宣伝に利用されるという懸念が繰り返される反面、本来のコミッサールは自分の考えを押しつけてはならず、同志たちが対等な立場で議論できるようにすることが肝心と論じられている。[*135] モスカテッリ自身が同僚の政治コミッサールへ宛てた長文の手紙には、以下のように記されている。

政治意識こそ我々の部隊にとって最重要問題。……労働者に対しては彼らの反体制闘争を物心両面で支えなければならない。

農民たちは組織されてはいないが、パルチザンと食糧を分かち合い、かくまい、情報を提供してくれている。その不満や農民大衆の意志を明確に定義された闘争運動に変え、偶発的目標ではなく、人民蜂起へと収斂させる必要がある。

全体の参加は敵に対する暴力に限られたものではない。大衆組織に向けての宣言こそ、民主的で人々による政府への保障となる。人民民主主義政府は与えられるものではなく、労働者、農民、技術者などによってのみ実現可能で、我々の組織的力が推進していくべきである。[*136]

モスカテッリは自由を重んじ、ディ・ディーオが示したようなイデオロギー的対立軸に縛られず、敵に対してさえ寛大な姿勢を示す点で、スーペルティと共通する面があった。ただし、スーペルティが個人の裁量によって自由や寛容を担保したのと対照的に、モスカテッリの場合、共産党という組織化された抵抗運動の必要性を意識していた。それでも共産党員であるだけでは反ファシズム闘争の遂行を円滑にできるわけではなく、党官僚、理論家は生活者からかけ離れがちなため、準備の整ったパルチザンで部隊に入り込める者の方が、自らの政治的信条からも距離をとれていたという指摘がなされている。モスカテッリも、政治的議論を党派的なものと見なさず、強制されて受動的に従っている状況から自分の意見を述べ議論することへの転換が大事と自覚していた。[*137]

この姿勢は戦後にも続き、一九四八年以来、オッソラでのキリスト教民主党支配が強固となるにつれ、モスカテッリは社共両党の協力を中心として、より広範な民主主義と参加を訴えて「新しい統治手法」の模索に進んでいく。その際、彼は非妥協的、党派的にならず、ほかの政治勢力に耳を傾け、自由党もふくめ共産党に反対の立場であろうとその役割を承認した。厳格ながら偏見に囚われず、他者を信頼すると同時に、不十分さや能力不足で失敗することは許されるが、決して不誠実であってはならないという信念に貫かれていた。興味深いのは、健康問題を抱えていた一九七五年においてさえ、選挙での最初の小さい勝利が着実な政策改善へつながり、肝要で具体的なことを少しずつ実現していけば、必ず理想に到達すると確信していた点である。実際彼は、死去する前年の一九八〇年に同地域で熟議のうえ団結を達成し、行政の着実さによる成功を目の当たりにできた。[*138]

パルチザンの「華々しい軍事的勝利」といったものとは異なる地味な変革の歩みこそ、モスカテッリの真骨頂であったのかも知れない。彼は開かれた視座から古い枠組みを打破し、社会の構造的変化を理解するという営みにより、国際主義がすべての進歩勢力を統一できると信じていた。そして民主主義、自由、社会主義が近代民主体制の三大柱となり、いかなるテロリズム、冒険主義の形態も排除する方向で、この体制が強化、刷新されていくことに期待をかけている。また、モスカテッリは一九七四年に地域の抵抗運動史研究所を創設し、体調が悪化しても資料収集をやめず、知識人たちとの交流も続けた。[*139] 戦争の最前線に立っていたパルチザン神話の代表的人物が柔軟かつ自らを歴史の文脈において相対化し得る政治家であり、しかも多くの人々がそれを評価していた点がオッソラ共和国の真骨頂とも考えられる。

3　戦後民主主義の始まりとしてのレジスタンス

本章は、パルチザンの共和国を論じながら、戦闘内容については限定的に記述してきた。しかし分析の最後として、戦闘そのものではないが、戦闘をめぐる目的、議論に関する示唆的な事例を取りあげ、戦後民主主義につながる内容を検討してみたい。

一つ目の事例は、ナチファシスト軍の反撃を予測して立てられたオッソラ共和国防衛計画の問題である。一九四四年九月二五日の計画では、敵の反攻を予想して二つの異なる案を作成している。第一案は谷に沿って強固な防衛線を築くというもので、第二案は敵の装備の優越性に鑑み、山中へ撤退し、敵が分散するのを待って、攻勢に転じていくというものであった。討論の末、折衷案が採用され、第一段階としてまず防衛線に基づき敵の攻撃を食い止め、第二段階として弾力的なゲリラ戦を展開していくという計画となる。それでも、圧倒的な敵軍と真っ向から戦うことは被害が大きく、戦略上は明らかに不利なはずなのだが、住民を捨てて最初から山に逃げてしまうことへの倫理的懸念もあったと言及されている。[*140] すなわち、共和国防衛は単なる軍事作戦である以上に何のために戦っているかの問いを突きつけていた。

この計画が再度話し合われた一〇月八日には、ドイツ側から司祭を通じて、パルチザンが確保している発電所から電気を供給するという条件で、休戦提案が出されてきた。ドイツ軍は連合軍と対峙してゴシック線（イタリア半島北上を阻止する）防衛に忙しく、パルチザンに兵力を割きたくないという心理が働き、前線の修正にも応じる姿勢を示したと考えられていた。もし敵が合意を破ったとしても、状況は悪化するわけではなく、オッソラ側としては防衛準備の貴重な時間が得られる可能性もあった。しかし、オッソラ共和国の戦争協議会は取り引きをしないと決定する。これも純粋な軍事戦略上の見地からは非合理的と批判されかねなかったが、連合軍に従属した待機主義に陥る危険を勘案しただけでなく、協力していた住民たちを無視した妥協に応じられないと判断したのである。実際、すでにドイツ軍は攻撃を決定しており、休戦提案はまったくの詐欺であった。ただ、これは結果論の色彩が濃く、ゲリラの訓練を受けていたパルチザンに正規軍の防衛戦を課したことへの批判は残る。にも拘わらず、パルチザンは乏しい装備で、準備の整った圧倒的なナチファシスト軍に対し、一四日間も抵抗するという「奇跡」を演じた。[*141]

他方、遊撃戦はたしかに軍事的損害を減らせたかも知れないが、住民の被害は大きくなる可能性もあった。ただでさえ解放区では軍事的のみならず、政治的・市民的実験がなされ、パルチザンと住民の間で相互浸透の機会となっていた。しかもオッソラ解放区が世界的な名声を得たゆえに、とりわけイタリア社会共和国のファシストたちは、戦略的理由より政治的理由から、再占領地域で残虐な行動に出たのである。だからこそ、ナチファシスト軍の総数以上の三万五〇〇〇人におよぶ住民が国境を越えてスイスの難民収容所を選んだといえよう。そして、生き残ったパルチザン指揮官たちは一一月上旬にはオッソラ地域へ戻り始めた。敗戦に学び、全部隊を統括する統一司令部と軍事調整会議が作られ、慎重な再組織化作業が一九四五年初頭から始まった。[*142]

オッソラ共和国は部隊内・間対立を抱えつつも、逆説的ながら、トップダウンの指揮命令系統がなかったからこそ、孤立無援でも予想以上に持ちこたえられたし、士気も高かった。熟議民主的なオッソラ司令部は、住民を裏切れないという判断もふくめ、最後まで誰のための戦争なのか、といった議論を続け、曖昧な決定を繰り返したが、結局そうしたコンセンサス醸成が敗戦の反省を加えたうえで、早期の再編成につながっていく。苛烈な戦争と対峙し、自律と自治が明確に意識され、戦闘の終盤まで再帰的顧慮を持続させたからこそ、前述のファシスト被疑者放免へと結びついたのかも知れない。パルチザンの共和国を引き継ぐ戦後民主主義の出発は、血塗られた内戦だけに彩られたわけではなかった。

それを示す二つ目の事例は、オッソラ再解放ののろしとなったヴァルツォ（Varzo）の奪還である。一九四五年二―三月にはナチファシスト軍が各地で掃討作戦に成功し、パルチザンは活動を制約され、多くの犠牲を出していた。四月になってもヨーロッパ全体の軍事情勢は厳しさを増し、パルチザンの主要任務はナチファシストへの妨害工作であった。四月三日にガリバルディ第二師団は、ヴァルツォ駅に爆発物を積んだ二〇両の貨車が到着し、センピオーネのトンネルとオッソラの発電所破壊を目論んでいると連絡を受ける。四月二二日夜、ガリバルディーニは貨車から一〇〇メートル離れたドイツ軍兵営を包囲し、別動隊は一五〇〇箱の爆発物を住民に被害がおよばぬよう撤去した。この行動がオッソラ蜂起のサインとなり、ナチファシストはドモドッソラ北へ撤退し、四月二四日にはパルチザンがヴァルツォを解放したのである。[*143]

しかし、この計画に至る前には、連合軍の空爆案が出されており、それが実行されていれば、二、三年間トンネルの通行は不可能となるはずだった。また、ガリバルディーニが作業員宿舎へ手榴弾を投げ爆発させるという提案も、近隣住民にまで被害がおよぶ危険性があった。そこで谷を包囲して、電話、電信を切断し、爆発物を処理するという実施された計画に落ち着き、作戦実行翌日には通信手段も復旧された。この作戦にはスイスの諜報機関も協力していたが、情報が正しく伝えられたことで事なきを得ている。[*144] しかし、空襲を狭い谷に対して行なった場合の日常生活への危険は明瞭だったはずでも、連合軍は支援物資の投下をせずとも、空爆の選択をしかねなかったし、軍事作戦を優先させれば、パルチザンの攻撃も住民への配慮が二の次になる可能性は大きかった。幸いオッソラの場合、流血の惨事を避ける形で再解放の口火が切られていくが、誰のための闘いかを象徴する一コマとなった。

無論、こうした二つの事例をもって、極端にオッソラ共和国を賞揚するのは、むしろ臨時行政府自体が保った抑制的姿勢に反しかねないが、純粋な軍事行動につながりやすい内容であっても、独特のニュアンスが存在したことは事実である。最後にオッソラが戦後、間をおいても民主主義の発信拠点を自負し続けた証として、二五周年記念集会（一九六九年）の趣意に注目してみよう。同集会では定款が審議され、以下の条項が採択された。

第三条——目的
この運動はレジスタンスの価値基盤にある理想、すなわちいかなる形式の全体主義とも戦い、人格の自由な発展を保障し、社会正義の実現を志向する。
①レジスタンスの力を統一的運動に再結集し、さらに若者へも拡大する。
②イタリア社会（colletività italiana）にとって、より高い利益のため、政党、政府を超えた建設的批判を行なう。
③憲法を実現かつ擁護し、ファシスト的傾向の法を廃止していく。
④国家機関が市民に奉仕し、政治・文化・社会的自由を保障するよう働きかける。[*145]

この定款は、オッソラ共和国成立後四半世紀にして、なお参加を基調とする反ファシズム運動を若者にまで広げていこうという気概に満ちている。しかも、イタリア国家を主語にするのではなく、むしろ市民の権利を守る道具として国家機構を位置づけ、憲法の徹底を図る点で、本章において論じたオッソラの特徴を体現する文章となった。それは単に過去のレジスタンスを美化するのではなく、今日的問題を提起するものとなっている。他方、モスカテッリに限らず多くのパルチザン経験者は、それぞれの地元でレジスタンス研究所を立ち上げ、自分たちにとって都合の悪い情報もふくめ、資料の整理保存研究を続けてきた。それがゆえに赤裸々な内部分裂の文書も発見されてきているが、実現はできなかった政策ながら達成を目指した様々な目標が、新史料発掘で明るみに出てきたのである。

改めてオッソラ共和国の特徴とその民主主義的諸要因を簡単にまとめてみると、以下のようになろう。

第一に、パルチザンという視点から見れば、戦時という特殊環境の中でも、トップダウンの強権的決定を統治原理とせず、圧倒的な敵勢力に対する脆弱性を住民の支持により補っているという認識が明瞭だった。参加者は指導層もふくめ平均年齢が低く、旧体制とは異なる発想による革新的行動が試みられる。パルチザンは兵士のみで成り立っておらず、多くの人々の積極的関与に依存するわけで、相互の信頼がなければ、ファシズム体制のような服従による自由の圧殺を再び招くと身をもって理解していた。そして、ゲリラ活動から始まった運動のため、統一的司令部が機能しづらかった反面、各集団の自由、自律性の尊重と友敵関係に囚われない寛大さも必要となり、少なくとも相互の調整を迫られていく。また、寛容性を示す一つの表現として、ファシストへの人道主義的な対応さえ見受けられた。

第二に共和国という視点から見れば、暫定行政府という位置づけ自体が、選出された立法府でない経緯と限界を意識していた前提からして、その特徴を際立たせている。だからこそ、自らが無誤謬ではないという自覚がはっきりしており、第三者機関に判定を委ねたり、決定の先送りといった制度上の留保も存在した。加えて、組織内の問題を隠蔽したり、うやむやにせず、それを公的空間で検討し、記録を残していった。非常時であっても戦争一色に染まらず、日々の生活や文化を保とうとする努力が注目に値する。連合国、中央権力に裏切られ続けた経験から、強大な軍事力や権威主義的命令に対する不信感は強く、戦争中から復興へ向け平和な日常の再獲得が念頭におかれたといえよう。さらに、従来の階層秩序、年功序列、社会慣行を超え、若い主体が平等主義的な政治変革を推進していった。

第三に、戦後の民主主義との関係で見れば、あまたの臨時行政府関係者は最終的解放の後、国政レベルではパルチザンに参画した人々への年金、補償問題に取り組む一方、地域自治に関わっていく。そして、多くはコンセンサスに基づく民主的改革、レジスタンスの精神を後世に残そうと奔走した。秀逸な歴史認識の蓄積は、自らの事績を讃えるといった懐古趣味に陥らず、オッソラ共和国が実現できなかった理想を改めて確認、追い求める意識に裏打ちされていた。戦争という友敵関係が常態化しやすい状況にも拘わらず、競争多数決型というより熟議型合意形成の民主主義が芽ばえただけに、冷戦下でもイデオロギーや党派に拘束されない連帯が模索されたと考えられる。そのうえ、単純な数の論理を戒め、ファシズム・ナチズムのポピュリズム的性格を克服すべく、法治主義への復帰、憲法の実現という立憲民主主義の基本構造も強調された。

オッソラ共和国を偉人伝から解放する営みは、冒険談の面白みを削いでしまうとの指摘もあろうが、多くの人々が犠牲になった経緯を、特定個人の活劇として回収できるものではない。逆に血塗られた忌まわしい過去として、喧嘩両成敗の形で葬り去ろうとする言論は、パルチザン側から見れば、何のために共和国が誕生したかを無視し、ファシズム体制の歴史を不問に付す認識として承服されまい。ただし、こうした「勝敗の歴史」に関わる文脈から距離をおき、軍事志向の記述を相対化すれば、文民の側から民主主義という普遍的理念を捉える「模索の歴史」も可能となろう。思想史的意義が薄く、実際に成就した政策は内容に乏しかったとしても、連合軍、中央権力から見捨てられた共和国は、悲壮感のみに沈潜せず、むしろ未来への希望を託す前向きで活発な運動を展開した。そこから、単なる制度上の民主制とは異なる、理想としての民主主義、運動と熟議のデモクラシーへつながる要素を、比較的容易に見つけ出せるかも知れない。

オッソラ共和国は崩壊の悲劇に見まわれたが、戦後イタリア政界で活躍する人材を輩出した。しかし、さらに肝要なのは、レジスタンスを通じて掲げた理想が共和国憲法を介して全国レベルでも目標にされ続けた点であろう。人治より法治、支配より参加、強権より寛容、中心より周辺、慈善付与より権利保障といったイタリア民主主義がなお未達成の課題を、そこには列記できる。しかも、個々の人間の尊厳を生活の中で重視する自治意識は、思想的根幹となった。圧倒的劣勢状態の中でナチファシストに抗した軍事的「奇跡」以上に、平和な時代の民主的日常を先取りした「模索」にこそ、オッソラ共和国の「奇跡」は存在する。

第三章　戦争と平和をめぐる民主主義――日本における連続と断絶

1　戦後デモクラシーの里程標

一九四五年一一月一五日から一九四六年九月二三日まで活動を続けた憲法研究会は、政党などに先駆けて「憲法草案要綱」を一九四五年一二月二六日に発表した。公表時の署名者は、年齢順に高野岩三郎（七四歳）、馬場恒吾（七〇歳）、杉森孝次郎（六四歳）、森戸辰男（五七歳）、岩淵辰雄（五三歳）、室伏高信（五三歳）、鈴木安蔵（四一歳）の七名で、憲法改正案を検討していたGHQ民政局は公表前にこの民間憲法草案を入手し、民主的で満足のいくものと評価している。また、合衆国政治顧問団は、研究会メンバーの室伏、森戸などをインタビューし、一九四五年一一月の森戸証言では、憲法改正の必要性と天皇の「道徳的象徴」化という研究会草案につながる指摘を受けていた。占領当局は、政府主導で一九四六年二月まで開かれた専門家による憲法問題調査委員会が目指した事実上の現状維持案を退け、憲法研究会は「ＧＨＱ草案」にもっとも影響を与えた日本の知識人グループとなった。[*146]

その中心的存在であった高野岩三郎は、国権より民権を重んじ、戦前から労働運動、社会改良、無産政党結成を支援し続け、後述する六名の研究会メンバーとともに新憲法制定へ向けて敗戦後すぐに主体的な取り組みを行なった。彼自身は共和制を志したが、参加者の熟議を尊重しながら、当時としては画期的な、天皇の政治権力を実質的に認めない象徴天皇制に踏み込んでいく。実際、憲法研究会は「憲法草案要綱」の時点で人民主権を明記しており、自由権を担保するだけでなく、社会権についての革新的内容も組み込んでいた。こうした傾向から室伏を共産党シンパ、そのほかの六名を社会党関係者と見なす報告も存在するが、後述するように大半のメンバーは自由主義的で、戦後ほどなく反共主義に転じていく。それでも、戦後の限られた時期における熟議型討議の成果として、彼らの活動を評価することができよう。[*147]本書では、憲法研究会が思想・制度としての民主主義に留まらず、運動としてのデモクラシーを、戦前からの経験を踏まえて追求した点に着目する。

本節は憲法研究会メンバーについて論述する前提として、高野と縁の深かった人々および代表的政治家たちが戦前におけるデモクラシーをどのように捉え、行動したかを概観する。明治維新以降、ほぼ一〇年毎に大きな戦争を続けていた日本にとって、デモクラシーと平和の問題は切り離せないテーマとなっていた。それは、君主主権についての不動性が強められるにつれ、天皇制そのものを民主主義と関連づけて論じることさえ難しくなった証左でもある。とりわけ高野のネットワークと接点を有した人物たちは、自由と平等の意識が高く、政府の軍国主義的方向に批判的で、政治・社会の変革に積極的であった。また、二〇世紀初頭における民主主義と社会主義の勃興は、少数の知識人に限定されず、日本でも市井の動きとして見受けられるようになる。ただし、植民地下にあった朝鮮半島へ目を転じると、圧制の度合いは高まり、内地においても戦争の進展により同様の抑圧状況が発生していく。そうしたデモクラシー運動の担い手となった人々と政府による弾圧の相互関係を国際的文脈とともに概観しながら、敗戦直後の憲法研究会へと向かっていく推移を叙述する。さらに、国内で封殺されていく批判の言動や日本統治下におかれた植民地についても注目することで、虐げられた人々の視座から、当時の日本における民主主義の限界を示唆していきたい。

高野以外の憲法研究会メンバー六名も、アジア太平洋戦争前後における日本の転換点となる事件と密接に関わっており、戦後民主主義への道を考えるうえで、重要な里程標を示していた。まず、一九一九年一二月に始まった森戸事件は、第一次世界大戦後に高まってきたデモクラシーの動きを政府が押さえつけた事件であった。そして、一九二五年一二月から逮捕が開始される学生社会科学連合会事件（学連事件）で鈴木安蔵は検挙され、最初に治安維持法が適用された事件となる。杉森孝次郎は、森戸攻撃の急先鋒となった興国同志会の顧問に就任していた反面、森戸を支援する集会の弁士も務めていた。敗戦直後に憲法研究会のきっかけとなった日本文化人連盟創設に尽力したのも杉森であった。室伏高信は杉森とこの計画を推進しただけでなく、憲法研究会の人を集め場所を提供し、一九四六年一月の野坂参三帰国歓迎会を応援して憲法改正に不熱心な政党の尻をたたくべく活動した。岩淵辰雄は吉田茂を巻き込んで、戦争早期終結に向けた近衛文麿の上奏文執筆に携わり、一九四五年四月に拘置されたが、敗戦直後から新憲法制定に消極的な政府へ圧力をかけ続け、民間憲法草案作りを押し進めたのである。他方、馬場恒吾は太平洋戦争勃発直前にはもっとも監視されていた代表的言論人だったため、戦争が終結すると大東亜戦争調査会、公職追放委員会などの委員を歴任するが、一九四五年一二月、読売新聞社社長就任後は労働争議の鎮圧に努め、「逆コース」の先鞭をつけることになる。

各メンバーについては次節で詳述するが、革新と保守の性格が同一人物内においてさえ錯綜する状態は、同時期の日本における政治・社会情勢の反映でもあった。目先の利く、あるいは使命感のある人物ほど、時代状況に翻弄されやすく、一貫性を保ちにくかった。その中で高野岩三郎は非常に例外的な座標軸ともなる位置を占め、彼のネットワークに集まった人々がそれぞれ新時代を画そうとする中、絶妙なバランス感覚で日本社会党の結成、民間憲法草案の創出、ＮＨＫ会長としての公共放送再建など、困難な課題に取り組んでいる。本章では、むしろ憲法研究会の各メンバーが示したバラバラさ加減に言及しつつ、最低限のコンセンサスがいかに形成されたかを検討してみたい。萌芽期における日本の戦後民主主義構想を捉え直すことで、その達成要件や方向性を検討していく。

次節で扱う憲法研究会メンバー六名は、社会民主主義的傾向の比較的強い三名と自由主義的傾向の強い三名に分けて論じるが、後者の三人でさえ、大正デモクラシー期においては「社会主義」的言説も目立つ。この流れを理解するには、本節でよりラディカルな動きへも目配りし、実態としては「アカ」の影響を見いだせない局面においてさえ、為政者の警戒感がどうしてここまで強かったのか、あるいはこれら知識人六名はどのようにして新憲法草案へ行きついたのか、彼らを規定していった背景を考えておきたい。また、メンバー六名の戦後における変化がどのように生じていったのかを検証すべく、本節では後の憲法研究会に関連する事象と人物を中心に取りあげ、二〇世紀前半が革命とファシズムの対峙する時代であった点を確認する。また、なぜ日本においてイタリアで生じたようなレジスタンスが展開されなかったのか、運動の主体となり得た人々を追うことで原因の一端を考察したい。

(1) 戦前の天皇制における自由と平等

まず、新憲法制定へと向かった憲法研究会の人々と好対照をなす、明治憲法下におかれた帝大教授たちの立ち位置を確認する必要があろう。代表的憲法学者である穂積八束の場合、君主主権は「祖先教」と合体され「国体」が形成され、最高絶対の天皇は無制限的命令・強制権を有し、権力に対する制限という近代立憲主義の問題意識は存在しなかった。彼を引き継ぐ上杉慎吉の国体論は、さらに国民道徳によって補強され、人為による変革の可能性を認めず、人格的支配の原理に立脚していた。これに対して美濃部達吉は、天皇に国家機関の最高位という主権的な位置づけを与えつつ、それゆえに国家の統治権の行使は国家の共同目的に拘束されると説いている。このため「臣民」は単なる服従のみを要求されるのでなく、独立の主体として社会の構成員の資格を付与されていた。この点、吉野作造の「民本主義」も、天皇主権を肯定しながら、政治の非人格化、立憲制度化を志向した点で美濃部と呼応関係にあった。[*148]

こうした美濃部、吉野、京大の佐々木惣一は、規範的自由主義を担い、帝国憲法の枠内で、人々の自由を守り、「臣民」としての平等を保障しようと試みたのである。だからこそ、森戸事件では彼らに特別弁護人の依頼がなされ、佐々木、吉野に加えて安部磯雄（一九二六年に吉野の推挙で社会民衆党委員長、一九四五年に高野とともに呼びかけ人として日本社会党を設立）と三宅雪嶺が選ばれたのである。[*149] ただし、吉野は「民本主義」をあくまで一般民衆の利益幸福ならびにその意向と結びつけ、必ずしも「民権」を権利として強調したわけではなかった。また彼は官僚・軍閥の専制政治には反対したが、日本の「軍国」化を否定していない。同郷後輩にあたる友愛会（一九一二年、初の労働者全国組織として創建）指導者の鈴木文治も、労働組合運動は「強兵を生みだす源」として労働者階級の「理想的なる忠君愛国の運動」であるという規定さえ捻出していく。ここに登場する「平等」意識も、「陛下の赤子」といった滅私奉公の色彩が強く、やがて「修養」による「向上」を目指す報徳運動（一九〇六年中央報徳会設立）、在郷軍人会（一九一〇年設立）、後藤新平による「国家一家」主義などに絡めとられていく。吉野はそのような上からの包摂に同調しないが、戦争を是認する姿勢がそれらを積極的に抑制できなかったのも事実である。[*150]

友愛会のような富国強兵の国権論に基礎をおく協調主義とは異なる、よりラディカルな動きは二〇世紀の始まりに日本でも登場している。一九〇一年五月二〇日、安部磯雄の起草による社会民主党宣言が公表された。ドイツ社会民主党のエアフルト綱領を参照したものとされるが、常備軍から人民軍へというドイツの綱領に対して、日本の社会民主党宣言は、軍縮を漸次行なって全面廃止に至らしめると掲げている。[*151]「社会主義は個人的競争主義、唯我的軍隊主義に反対するものにして、民主主義は人為的貴族主義の対照[*152]」になると宣言を結んでいる。ここで明らかなのは、天皇制への言及がない点である。すでに社会民主党結成の前段階で、高野の兄、房太郎も専従していた労働組合期成会は、一八九八年四月一〇日に片山潜の指揮で八百余名の会員が、奠都三〇年祭の祝賀を口実に団体行進を挙行し、宮城前で天皇陛下万歳を唱和して、各支部旗を連ね、上野公園まで向かっていった。当時、社会民主党の「民主」が問題視されたとの指摘があったため、社会平民党の名称で組織届けを再度提出して、同様に禁止された。片山潜の認識では君主主権を否定しない方途を見つければ、問題がないと理解していた節もある。[*153]逆に平和をめぐる議論については、ドイツ以上に革新的な軍隊の破棄を明言しており、日本におけるデモクラシーの特徴をよく現わしている。

実際、一九一〇年の大逆事件で幸徳秋水とともに処刑されることになる宮下太吉が片山潜をつかまえて天皇制に関する意見を質すと、片山は「議会が多数ならば憲法改正もできる」と答えただけで、逆に普通選挙の請願署名を依頼し、署名を集めるときは地方の有力者を先にしてくれと頼み、宮下をあきれさせている。[*154] 他方、同じく社会民主党の組織者だった幸徳秋水は、一九〇三年に勤めていた『万朝報』が主戦論に転じると、平民社を創立し週刊『平民新聞』を刊行、国法の許す範囲で絶対に暴力を否認して、平和主義を唱導した。これは社会民主党の宣言を継承したもので、片山が『労働世界』の記者編集人、社会民主党の主たる創立者として裁判で無罪を勝ちとったのと同様に、[*155]「我帝国の生存と国憲に抵触せざる範囲に於て社会主義を主張するは法の問う所にあらず」という判決が出されている。それでも、発行編輯人堺利彦は軽禁固二カ月、『平民新聞』は発行禁止となるが、日露戦争に向けて政府は、対露工作上、ロシアの社会主義運動に関する報道を許容していく。[*156]

こうした中、一九一一年六月、桂太郎内閣は海軍拡張案にともなう財政の急場しのぎを試みて、電車市営化により一億円の外貨導入を画策した。この利子負担が電車賃値上げに転嫁されると危惧され、反対決議がなされても、七月に市有協定は締結された。このため、二万の市民が集まり、市会へ人々が向かうと、約九〇〇名の警官が派遣される事態となる。片山潜は労働者への働きかけを続け、一二月まで多数の集会を開き、買収価格のうち車掌・運転手・職工工夫・雑役夫に対する配分が薄かったことから、一二月三一日、市電労働者は六〇〇〇名の大ストライキを組織する。従業員は乗車を拒否し、それぞれ委員を選出して市電当局と団体交渉に入った。ストライキは、世論の同情を得て慰労金獲得に成功したが、新年に入り労働組合結成を促す集会が提案されると、逮捕が始まり、一月初旬で六三名が収監される。一五日には片山も召喚され、懲役五カ月を受け、職業革命家がストを指導して投獄された最初の例となった。[*157] ここでも欧米流参加型デモクラシーへ向けての転機となったのが、軍拡に対する反転攻勢であったところは注目される。

実際、組織的に統制を保つというヨーロッパ的水準のストライキと労働運動は、東京市電のストライキから初めて一般化した。このストライキ中に社会主義者の指導下で、労働組合を結成する計画が立てられ、それまでの経緯を越えて、協調路線派もふくめた大同団結が図られたが、社会主義者たちは投獄され、片山も日本を去らざるを得なくなった。片山は海外亡命をした日本最初の社会主義者となるが、渡米後も戦争反対と左派労働運動を強く結びつけた活動を続けていく。政府や保守的労働者団体の圧力が強まっても、一九一二年に入り、東京卸売物価指数が三割上昇すると、東京市電の従業員六〇〇〇名がストライキを再度敢行する。[*158] さらに、初期友愛会幹部が「自分らのナワ張り」から「札つき」の社会主義者を排除して、堺利彦、山川均たちを著作による啓蒙活動に留まらしめても、各地における自発的な争議は止まらなかった。一九二〇年の東京市電ストライキにおける争議団宣言では、ついに「吾等は市民を敵とするも辞するものではない。交通労働者は市民の奴隷ではない」と労働者の自立的権利さえ主張するようになる。[*159]

対外的な側面へ目を転じると、一九〇四年八月に開催された万国社会党第六回大会（アムステルダム）では、片山潜が日本社会党代表として出席、ゲオルギー・プレハーノフ（Georgij Plekhanov）とともに副議長に選ばれ、壇上で固い握手を交わして、日露平和の反戦運動アピールがなされた。一九〇七年には、日本国内で「亜洲和親会（東亜和親会）」が外国人も交えた「社会主義講習会」と併行して形成され、民族主義、共和主義、社会主義、無政府主義を問わず、帝国主義への反攻と民族の独立を唱って中国、ベトナム、インドなどアジアとの連帯を称揚した。[160]平和主義が国際主義と社会主義と結びついた形で展開されている点は注目に値する。これに対し、議会政治の申し子ともいうべき尾崎行雄や犬養毅は、中国への強硬姿勢を強めていた。ただし、それが長州閥の「軍備問題」となれば、議会の統制下におく主張を展開している。尾崎は内閣弾劾決議案を提出し、一九一三年二月五日、「彼らは玉座をもって胸壁となし、詔勅をもって弾丸にかえて政敵を倒さんとするものではないか」という有名な演説を行なった。[161]また犬養は、「大正政変」に際して明治期の国権・民権対立を意識的に反映させ、「第二維新の気運」を強調した。たとえば、従来の「姑息政治」が教育勅語を絶対の服従主義に読み替え、権利意識の抑圧を図っていると批判したのである。[162]大正デモクラシー期には、美濃部、吉野の新たな立憲主義だけでなく、明治以来の自由民権の気風がなお色濃く残った議会主義も健在であった。

(2) 戦争へ向かう国体に抗して

政府に対する批判論調は、大都市の大学出身知識層に限られたものではなかった。それが全国レベルで広がったのには、教育の拡大、新聞雑誌の普及などが大きく寄与していた。原内閣の教育改革により、中等、高等教育の機会が広がり、中等学校は一九一八年に三三七校、生徒数一五万九〇〇〇だったが、一九三六年には五五九校、生徒数三五万二〇〇〇人となり、それぞれ一・七倍、二・二倍になる。高等女学校は同じく、二五七校、九万五〇〇〇人が、八〇六校、四〇万四〇〇〇人とそれぞれ三・一倍、四・二倍となった。高等学校は一九一二年から一〇年で、八校が三二校に、生徒数六八〇〇人が二万三〇〇〇人に急増した。ここで注目されるのは女性の就学率の高さであり、実際、工場労働者についても、明治期から女子労働者が過半を占めており、一九三三年以降にようやく男子が女子を凌駕するに至っていた。従って友愛会も当初、一三歳以上の女子を準会員としていたが、女子労働者の組織が急務と意識し、一九一六年に婦人部を設立、翌年には男子部との併合を認め、正会員という平等の地位を付与したのである。しかし、女性の位置づけは全体として低いままで、山川菊栄は教育事業以外に女性の進出を阻んできた日本社会の状況が戦時下の女性動員にも反映されていると鋭く指摘している。[*163]

たしかに明治期のエリート知識人が東京帝大出身者によって占められていたのに比して、大正期以降、地方出身の学生や独学者が農村部もふくめ頻出すると同時に、出版文化の発達から、都市部以外での知的交流が進み、左派文化も伝播していった。労働者や学生出身の活動家は農村部で争議を指導し始め、一九二二年には日本農民組合が結成される。しかし、目を植民地に移すと、次節で論じる「朝鮮人教育」問題などは深刻なままであった。一九一〇年頃の朝鮮半島における学齢児童は約二六〇万と推定されるが、日本の公立学校へ通っていたのは、その一－三％にすぎなかった。統監府は私立学校令（一九〇八年）や私立学校規則（一九一一年）を出して、数千におよぶ私立学校を選別、組み込みの対象とした。李朝時代からの書堂も一九一八年には二万三三六九に達し、当初、総督府は放任していたが、独立運動の拠点という疑いを抱き、「書堂規則」（一九一八年）を発布して取り締まっていく。日本政府は「内鮮共学」を定めていくが、「国語」の常用者とそれ以外の民族別教育を実施し、一九三三年における朝鮮人の就学率は二〇％に留まった。[*164]

第一次世界大戦は、為政者にとっても大きな転換点となっていく。一九一七年のロシア革命が世界全体に影響を与えただけでなく、日本でも翌年夏には米騒動が全国を席巻した。教育問題に関連していえば、一九一八年の進歩的知識人の組織化を図った東大新人会の結成が、翌年の右派による興国同志会設立という反対陣営の強化も招いていく。まさに森戸事件は、興国同志会の森戸論文への攻撃が端緒となり、これと密接な関係を有する検事総長平沼騏一郎が起訴を推進した。当時の首相原敬は、前述した市電スト指導に対する伝統的な治安政策の有効性に疑問を抱いていたものの、普選運動の昂揚により危険思想の担い手が一握りの「主義者」から「学者」にまで広がっているのを警戒して、平沼が暗躍する司法省の積極政策を承認した。他方、前内閣の後藤新平法相は、すでに多くの内務官僚をイギリスやアメリカへ洋行に送り出し、第一次世界大戦中のヨーロッパを避けたことから、従来のドイツ偏重から英米型の社会政策への関心転換も生じていた。帰国組は一九二〇年に内務省社会局を立ち上げ、労働問題、思想問題への関心を深め、これまで首座を占めていた警保局にも浸透して警察の「国民化」を試みている。これに対立して独自の政治勢力をなしたのが、司法官僚の総帥平沼騏一郎であった。美濃部達吉は、平沼が強烈な復古主義・精神主義を称揚し、司法権による国民思想の統一を図ろうとしたことへ、理性的な立憲主義に対する脅威を感じていった。[*165]

しかし、その美濃部にしても、社会主義者はもちろん、「皇室を尊崇せぬ者」を国民から除外しており、「思想の自由」は限られた範囲に留められていた。だからこそ、日本共産党でさえ、一九二三年三月の拡大執行委員会で綱領草案を論議した際に、当局の大逆罪発動を誘引する恐れから、堺利彦は君主制の問題を議題にあげなかったのである。[*166] それでも、当局は「国民」に該当しない者の範囲を拡大し、第一次共産党事件に関連させて、早大四教授（高野岩三郎とも縁の深かった大山郁夫、北沢新次郎に加え、猪俣津南雄、佐野学）の追放を実現していった。ロシア革命五周年記念日の一九二三年一一月に発足した学生連合会（学連と略称、一九二四年九月に学生社会科学連合会と改名）は、四〇校を傘下に収め、「学問の独立と研究の自由の完全なる獲得を期す」と決議して、大学擁護運動を展開した。学連は普選運動についても学生全体の政治教育、組織拡充を目指して運動しており、一九二四年春には全国学生不戦連盟を結成していく。[*167] このため、当局が次に標的としたのは学連であり、一九二五年末から京都学連事件をでっちあげていくが、佐々木惣一は以下のような危惧を述べている。

世間では学生の犯罪の有無のみをやかましくいって、警察当局のとった行政上の手続の問題を余りやかましくいわぬようであるが、われわれはこの手続を非常に重大視する。これを黙認すればわが国の法律はじゅうりんされ、遂には法治国の実を失うからである。[*168]

佐々木の懸念どおり、三二名が見せしめのように検束されるが、荷車三台分の「証拠物件」が普通に入手可能なドイツ語文献にすぎないといった体たらくで、一週間以内に釈放されることになった。さりながら学生の起訴は続き、一九二六年には全国の高専校長、大学予科主任へ向けた「生徒の左傾思想取締」の内訓が発せられた。[*169] 不敬罪に問われた石田英一郎は一九二二年一〇月三一日、旧制第一高等学校で天長節祝賀式に参列した印象を記した日記が証拠として問題にされ、「御真影に敬礼し勅語朗読を謹で傾聴し又『君ヶ代』を合唱するが如き実に愚なる旨の文詞を記載」したことが予審終結決定の文書に残されている。[*170] たしかに、京都学連事件直後の一九二六年一月頃から起訴学生の処分延期請願運動や救援基金募集運動、四月には京都事件家族慰藉会も組織された。さらに、学問研究と出版言論の自由を守るべく自由獲得同盟が結成され、東大を辞め大原社会問題研究所に所属していた森戸辰男らが中心となり同盟支部を組織して、活発な批判演説会を展開した。[*171] しかし、日記の記述さえ問題視して内面の自由すら脅かす状況は、美濃部達吉が懸念した思想・良心の自由に対する司法の干渉であり、佐々木惣一が警鐘を鳴らした立憲主義の解体へ向かう第一歩になる。

吉野作造らが熱心に推進した普通選挙の実現も、治安維持法との抱き合わせによって、大正デモクラシーの最後のあだ花となった。「思想には思想を以て」という論理も無視され、諸治安法制は、拡大解釈を重ね、労働争議に対しても積極的な検挙起訴方針が命じられる。一九二八年の

第一回普通選挙においては激しい選挙干渉が行なわれ、その後ほどなく森戸事件の頃より標的となっていた河上肇は京大辞職に追い込まれていく。[*172] 国体に関する取り締まりが苛烈さを増していく中で、かろうじて吉野などの戦争に対する批判は許容されていた。吉野作造はシベリア出兵への批判を『中央公論』一九二二年五月号に、出征青年将校の手紙という形で厳しく展開した。将校、下士官には手厚い恩給・年金や戦時増給が与えられるのに対し、一兵卒は無益な討伐に駆りだされ、中国人やロシア人を面白半分に殺害する事態も生じていたとして、現地の腐敗堕落ぶりを難詰している。[*173]

しかし、批判の範囲は徐々に狭められていき、普通選挙下で選ばれた各政党議員の多くが権力闘争に血道をあげ、学問・言論弾圧、対外戦争拡大の動きは抑えられなかった。逆に、「少壮軍人政治家時局座談会」などでは、たとえば芦田均代議士が、金を見せなければ動かない民衆がいると放言し、軍部も窮乏層を政治的に利用する姿勢が見え隠れするようになる。[*174] しかも、元老西園寺公望などは、陸軍の中に「極左」分子が入っているのではないかと懸念しており、同様に為政者たちはファッショが起きれば内乱に陥るという危惧をもっていた。[*175] イタリアのファシズム体制の発展、世界恐慌以降の農村不況、中小企業の逼迫は、それまで資本家の用心棒的役割を果たしていた右翼勢力に、自由主義、資本主義双方を批判する国家主義的勢力としての理論を提供し、強化の機会を提供した。[*176] けれども一九三二年の「ファシズム批判」座談会において、「三反綱領（反共産主義、反資本主義、反ファシズム）」を総同盟（一九一九年、友愛会は大日本労働総同盟友愛会と改称）主流派として唱えていたはずの松岡駒吉も、「私の言う大産業奉還ということは、それは直ちに天子に対して奉還するというのであって、ファッショなんかとは違う」と強調する程度の認識であった。[*177]

そして、共産党が天皇制打倒と帝国主義戦争反対の立場をとる反面、日本の社会民主主義者は、共産主義に近いと見なした勢力との話し合いを拒絶しながら、むしろ軍部や保守層に接近する。末端の共産党員たちも、コミンテルンが決定した「君主制の廃止」を前面に掲げないでほしいと指導部へ懇願した。この点、農民運動の方が労働運動より広い基盤を保持していたこともあり、日常活動において柔軟であったが、それでも地主層や在郷軍人会は、諸届の世話、手紙の判読・代筆など、農民の取り込み活動を駆使していた。これにともない、左派の反戦運動より、「ファッショ勢力」の戦争カンパ・キャンペーンの方が成功を収めていくことになる。さらに一九三一年に始まる全国的な検挙は、多くの活動家を治安維持法違反として追及した。また、中国侵略と軌を一にして「国家社会主義的」路線が、総同盟や全国農民組合などの労農組織にも顕在化する。社会民衆党から満洲の実情調査委員として派遣された片山哲は、奉天で憲兵に対し、

「事変当事者」に共鳴したと述べ、挙国一致に向け内地世論を喚起、政府を鞭撻するとまで発言した。むしろ軍に協力的だった政友会の犬養毅首相は、軍部急進派の議会政治否認に対して強い反対を表明したが、その一週間後に襲撃を受け命を落としている。[*178]

五・一五事件で犬養首相が殺害されたのに追い討ちをかける如く、一九三二年一一月、京大教授滝川幸辰の中央大学で行なったトルストイの刑罰思想についての講演が不穏当であると攻撃され、一九三三年五月に鳩山一郎文相が休職を要求するという事件に発展した。これには一九三二年一一月に起きた「司法官赤化事件」も影響しており、政府は議会の批判を避けるため、このような裁判官が出現したのは、大学に「赤化教授」が存在するからであると、責任を教育や大学に転嫁しようと試みる。従って、滝川非難の根拠も変化し、対象もトルストイ講演から『刑法読本』発禁へと迷走した。[*179] 対する京大法学部は、以下のように声明した。

大学の使命はもちろん真理の探究にあるがこの使命は教授が大学において自由に学問の研究をなすことによって達せられる。しかるにもし政府当局が時々の政策によって教授の学説が政府当局の採用する方針と一致しないとのゆえをもって、この学説の一般社会的影響を云為し教授の地位を動かそうとするならば真理の探究はゆがめられ大学は存在の意義を失うであろう。また政府が教授の進退を左右するには大学側の意見を顧みて行なうべきものであって政府の専断に行なうべきものでない。[*180]

文相鳩山一郎は「京大の閉鎖も辞せぬ」と圧制的態度をゆるめず、法学部教授たちも総辞職をちらつかせながら対抗し四カ月争ったが、結局、滝川幸辰本人と佐々木惣一をふくむ八教授のみが職を辞して、政府側の圧勝に終わった。世論は大学側に味方し、学生街の食堂の主人らも「鳩山が京都へ来たらただでは帰さぬ」と息まいたが、夏休みをまたぐにつれ、学生たちも政府批判運動から引いていった。[*181] 一九三五年になると、天皇機関説排撃が始まり、美濃部達吉ら立憲制を支えていたはずの帝大教授の規範的自由主義も風前の灯火となる。「親たる政府が子たる国民に対して愛の鞭をふるうのは当然であるかのように」最末端の一警官に至るまで、お上の意向に逆らう人々を弾圧していく。[*182] 自然科学についてさえ長谷川如是閑は、清沢洌に以下のような感慨を一九四四年に漏らした。

戦争開始当時の日本の武器はまるでなっていなかったが、それを劣っているというような学者はどんどん追い出してしまった。そして、役人の言うとおりのことを口真似する者を重用するのである。これでは知識導入の方法があるわけでない。明治時代は当局者がワイワイ連中を迎えた。今は反対だ。[*183]

本来ならそうした政府の強硬姿勢に異論を唱えるはずの政党や労働運動も、満洲事変、日中戦争、太平洋戦争へと戦時体制が進むにつれ、体制へのすりよりが一層目立つようになる。斎藤隆夫議員の一九四〇年二月の反軍演説をめぐる懲罰問題で、社会大衆党の主流は議員除名を決定、安部磯雄委員長以下の社民系は本会議に欠席して採決に加わらなかった。除名に反対した八名の社会大衆党代議士は、党を追われ新党結成を図るが、五月に治安警察法第八条により結社禁止処分に付される。社会大衆党、その支持基盤であった総同盟も、七月に解散を余儀なくされた。そもそも社会大衆党自体は、一九三六年二月総選挙で一挙に一八名の当選者を獲得以来、一九三七年四月の総選挙でも、さらに三七名を当選させ、しかも最高点当選者一九名を出していたのである。他方、二・二六事件後に公布された戒厳令のためメーデーは開催不可能となり、陸軍は工廠内の労働組合を禁止したが、労働組合の間でも一九三九年一一月には、「皇国産業道の樹立」を目指して、自組織の解体と産業倶楽部の結成運動が始まっており、五十鈴川でみそぎを行ない、産業報国倶楽部の創立宣誓式が催されていた。[*184]

外政面に関しては、幣原喜重郎や吉田茂のような国体護持派であっても、英米協調・枢軸慎重路線は、排撃の対象となった。外務省内でも反共主義の名目が出されると、多くの外交官は積極的な反論ができなかった。とりわけ満洲、中国をめぐる既得権益に関しては、戦争が深まるにつれ強硬な膨張推進を押しとどめることが難しくなっていく。[*185] 一九三五年から近衛文麿は、リベラリズムすなわち立憲主義（政党政治）と貿易を中心とする協調（幣原外交）ではやっていけないと発言し、ファッショのような極端はまずいが、リベラリズムは限界にきていると漏らしている。[*186]「防共の聖戦」などという「馬鹿げた声明」を出すのに歯止めをかけた外務省の石射猪太郎は、一九三七年八月三一日の日記で、近衛が「支那を膺懲」などと言っていることに「アキレ果てた非常時首相だ」と怒りをあらわにした。[*187] しかし、石射のような外交官は稀有な存在で、近衛は一九三八年の「東亜新秩序」声明になると、日本が欧米による中国の半植民状態を解放するとまで踏み込み、国力増強と新たな対外イデオロギーの必要性を前面に押し出していく。反枢軸派と目されていた吉田茂も、駐英大使の役職にありながら、イギリス政府に対して、日ソ戦争の際にイギリスは好意的中立を保つかと質しただけでなく、イギリスが他国と抗争する場合は日本がイギリス権益を擁護するなどと発言し、本国外務省を困惑させている。元老西園寺公望は、国民のレベルが低いから政治教育が必要であると述べていたが、為政者たちがこの程度では混迷の度合いも深かった。[*188]

植民地においては一九三七年六月、朝鮮軍が陸軍省の質問に対し、兵員資源の不足を補う目的で、朝鮮人にも徴兵制を施行するのは当然と回答したが、学校教育とともに家庭において「皇魂」が徹底されて兵役に服し得ると付言されている。実際、第七代朝鮮総督の南次郎は、天皇の朝鮮行幸と徴兵制の施行を二大目標としていた。その国体明徴を理念とする皇民化政策とは、一斉に汽笛とラジオの号令をもって毎日、朝は宮城を遙拝し、正午は前戦将兵のために黙祷を捧げるという修身・道徳的なものであった。朝鮮半島全域に兵站基地を建設する企図は、産米増殖計画につながり、結果として米価を圧迫、農林省と朝鮮総督府の対立にまで発展していく。朝鮮半島は大旱害で苦しみながら、内地、満洲へ最大限の移輸出を犠牲的に敢行させられた。そして、天皇制教育の内実は朝鮮人を「皇軍兵士」にすることが主眼となり、日中戦争開始後には「皇国臣民の誓詞」が制定され、学校、官公署、各職場の朝礼で毎日斉唱することを義務づけ、宮城遙拝・神社参拝・国旗掲揚・愛国貯金など二一項目の実践要項が実行される。しかし、日本語を理解できる比率は、徴兵・徴用対象者の多い郡部で一七％にすぎず、日本に強制連行された朝鮮人労務者が、言葉の不自由さにより差別・抑圧に直面することも多かった。学校教育の軍事化は太平洋戦争勃発後、さらに進み、教育令が大改革され、軍事教育・労務動員を大幅に取りいれ、修業年限は短縮された。*189

体制としてのファシズムは多くの場合、「愛国主義」的な儀礼を実施することに傾倒しがちだが、日本とその植民地における徹底ぶりはウルトラ・ナショナリズムの典型例となる。それでいながら、実質的な教育政策は失われ、精神主義的な動員が先行していく点でも極端であった。加えて、政党や労働組合もふくめ各団体が、自主的に解体・合併を進めたり、戦時体制への組み込み圧力は強まるばかりであった。ただでさえ国体の「道徳的」コンフォーミズムが著しく、民主主義へのコミットメントが希薄な日本では、平和イシューが残された数少ない批判のよりどころだったが、戦争の拡大によって、その余地も失われた。結局、自力解放が選択肢にもならないまま、天皇制護持のみに期待を抱く対連合国交渉は、戦争終結のよすがとなっていく。

(3) 敗戦による解放の行方

日本は敗戦によって、植民地をめぐる大きな変化に直面するはずであったが、日本人の意識は完全に内向きになっていた。これに対して一九四五年一〇月に在日朝鮮人連盟（朝連）が結成され、厚生省や運輸省とも交渉して強制労働を強いられた朝鮮人労働者の補償要求運動を展開し、自主的な帰国事業を始め、一九四六年末までに一三〇万人が帰国した。しかし、朝鮮半島の政情、経済不安、失業問題の情報は日本本土へ伝わり、GHQが帰国者一人当たりの所持金一〇〇〇円、荷物二五〇ポンドという厳しい制限を課したこともあり、帰国に大きな障壁が立ちはだかった。一九四六年一一月の総司令部発表では、六〇万人の朝鮮人のうち帰国を希望する者は七万九〇〇〇人に留まっている。ところが日本政府は、日本国籍を取得させるのは人口・労働・食糧問題から望ましくないと判断しながら、在日朝鮮人の有利になる待遇は治外法権を招くとして消極的なままであった。[*190] すなわち、一方では帰国も停滞する中、他方で戻れない在日の人々へ適切な対応を怠る状況が蔓延していく。これが後述する朝鮮人学校問題にも深刻な影響をおよぼすことになった。

本国内では戦争末期になってくると、精神主義の度合いが極まり、「親米」性を帯びたことのある人物をことごとく排除する動きにつながっていた。そうなってくると、少しでも時局「便乗組」に背を向けた鳩山一郎のような戦前政治家に期待する動きも見られるようになる。[*191] しかし、幣原内閣に代わるべき人民戦線を提唱する人々は、むしろ鳩山の勢力を「反民主ファッショ戦線」と位置づけていた。[*192] また、外から日本を観察していた人々は、コンフォーミズムが猖獗を極めていた時期の行動だけから、政治家を判断していたわけではなかった。一九四六年四月に、プレス・クラブで四大政党（自由党から鳩山一郎、進歩党から長井源、社会党から松岡駒吉、共産党から野坂参三）の領袖が一堂に会した集まりが開かれ、次の総選挙で勝つだろうと予想されていた自由党総裁鳩山に注目が集中した。鳩山は自信ありげに、このクラブの晩餐会に出席できたのを誇りに思うと英語で述べ、人民戦線を信頼しないこと、カール・マルクスは脅威だなどと語っている。しかし、記者たちは彼の著書からムッソリーニやヒトラーに対する礼賛を取りあげ、中国の記者は鳩山がネヴィル・チェンバレン（Neville Chamberlain）首相に中国は日本によって管理されなければ存続できないと語った点を問題にした。そして、鳩山がヒトラー本人に自分の政策を実行するため将来総理になると話した内容の意味を問われ、記憶にないと逃げ回り、本では嘘を書いたと言い訳する。[*193] 戦後に活躍する政治家、言論人の中には、戦争勝利の見込みがなくなった時期の批判的言動を免罪符として台頭する者もいたが、あくまで狂信的戦争遂行から距離をとったにすぎない場合も多かった。しかし、彼らの一貫性のなさを追及する側が日本人の場合、自身がすねに傷をもち糾弾の矛先を鈍らせるがゆえに、上記のように外国人記者たちが疑問を呈し始めると、鳩山の如く反論さえできない状態に陥っていく。

戦時体制への明確な反抗は、権力中枢の周辺ではなく、労働現場から始まっていた。一九四一年三月には、広汎なサボタージュが、日本最大の川崎造船所（神戸）で発生した。三万五〇〇〇名の造船労働者は、待遇改善を要求し暴動にまで至ったが、官憲により鎮圧され、四名の指導者が処刑、二〇名は処罰された。このような怠業、破壊、集団欠勤は一九四五年には慢性化してくる。農民の供出拒否、小作争議は敗戦まで断続的に続き、兵士の逃亡も、前線、国内で日々起こっていたが、公には報じられなかった。それでも、敗戦後、いち早く立ち上がったのは、北海道、常磐などの炭鉱地帯における朝鮮人労働者および中国人俘虜であった。また、一九四五年九月一〇日、朝鮮人連盟の準備会は、日本人が敗戦で茫然自失していても、政治犯釈放要求を出している。そしてこの間、九－一一月には北海道の二二におよぶ炭鉱労働者が、賃上げ、生産再開、食糧増配を求めて運動を開始する。それでも、東久邇内閣は治安維持法を存続させ、特別高等警察（特高警察）を拡充して共産主義者を牢獄にたたきこむと公言した。戦時中の労働体制であった産業報国会の解体も九月二八日になって、しぶしぶ手をつけられたが、機構全体をそのまま労働組合に移行させようとした。一〇月一〇日、松岡駒吉は労働組合懇談会を設置し、三一名による全国労働組合結成中央準備委員会を結成し、労働組合の政治的「中立（資本家との協力）」原則に基づいた労組一本化を図っている。同日、一八年の牢獄生活から解放された日本共産党の徳田球一、志賀義雄らは獄中で用意した「人民に訴う」というアピールを発表し、日本における民主主義的変革の端緒が開かれたと宣言した。*194

一九四五年一〇月には、各地で自立的行動が拡大し、戦前からの旧弊に戻そうとする労働総同盟の松岡会長や西尾末広らの「底抜けの労資協調主義」とは異なる新しい傾向が顕在化した。東京警察病院の看護師一三〇名がストライキに入り、要求を勝ちとるといった個別の成功例だけでなく、新たな組織形態、戦術が示されていく。とりわけ読売新聞労働者は、社内機構の徹底的民主化のために、首脳部の戦争責任を詰問し、組合が業務管理を掌握する戦後最初の「生産管理闘争」となった。読売の巨大な報道網をめぐる争議は、全国規模の運動方式に脚光をあて、この影響から日本新聞通信放送労働組合を始めとする産業別組合の結成も進められていく。他方、厚生省の推定によれば、徴用工の大量解雇をふくめ工場の廃休による失業者は四八八万、復員兵士は七六一万、在外邦人の引き揚げは一五〇万、合計一三九九万という失業者群が存在した。さらに、一九四五年一一月―一九四六年六月、東京横浜地区の餓死者は一三〇〇人に達し、占領軍当局も一九四六年五月には毎日平均九人が餓死していると認めざるを得なかった。[*195]

こうした中、一九四六年五月一日、戦後復活した第一七回メーデーには三〇〇万の労働者、農民が参加したが、東京では六〇万の労働者が人民広場（皇居前広場）に集まった。一都市で六〇万の人々が参加したメーデーは、世界でも最大規模の一つであった。[*196] 五月一二日、世田谷の主婦たちを中心に区民千数百人が「米よこせ」の決起大会を行ない、数百人が皇居へ押しかけ和田倉門から宮城内に入ってしまう。デモ隊は宮方の冷蔵庫を開けてみせろと要求、中には牛肉、マグロがつるしてある。台所の土間には大きな盥があり、真っ白な飯を入れてあったが、「残飯」であると説明され、配給は芋が半分の状況から、捨てるのなら持って帰ると騒動になった。デモ隊の指導部は、暴発しそうなその場の空気を辛うじて抑えて退去したが、このときアカハタ記者として同行していた松島松太郎は、五月一九日の「食糧メーデー」に有名なプラカード「国体は護持された、朕はタラ腹食っている、汝臣民飢えて死ね　ギョメイギョジ」をもって参加したのである。たしかに、この際、天皇に食糧危機解決の要求書が出されたが、宮内庁側は当初天皇が眼を通すかの保証さえしぶっていた。それでも、交渉団が宮方の冷蔵庫にまで入り込んでしまい、天皇の回答まで要求する感覚は、もはや戦前の天皇制観と異なってきたと考えられる。[*197] また、一九四六年四月一〇日の戦後第一回総選挙の結果を受け、鳩山一郎が連立内閣を社会党と進歩党に持ちかけていたが、社会党本部に労働組合のデモが押しかけ、四〇組合による生産管理弾圧反対闘争委員会は連立反対の決議を出す。おりしも「働かせろ、食わせろ」のスローガンにより第一七回メーデーが人々で埋め尽くされたこともあり、社会党は五月一四日に連立不参加を表明せざるを得なくなる。[*198]

食糧供給の主体であった農民たちは、一九四六年二月に日本農民組合（日農）を創立し、土地闘争、供出闘争、町村行政および農業会の民主化闘争を大会宣言として唱った。すなわち、召集、徴用の解除、疎開等による農村への膨大な人口環流が、農民の土地に対する要求を急激に増大させたうえに、低価格で農民の自家飯米を奪う食糧供出は不満を高め、地主的・官僚的な町村役場、農業会への批判を強めたのである。イタリアでは〇・五％を占める五〇ヘクタール以上の所有者に耕地の三六％が集中、小農民独自の組織が一九五〇年頃から各地で結成・整備されていった反面、日本の農地改革は一〇〇ヘクタール標準のイタリア北部米作資本経営のようなものも許さなかった。そして、日本では農地改革と間髪を入れず農協が設立され、単一系統化を可能とする。イタリアの場合は、農協がもともと労働者の消費組合を主軸とする全国的協同組合の一部で、この消費組合には大農経営下で働く戦闘的農業労働者が重要な構成員として加わっている。その全国的協同組合においては、革命的伝統をもつ構成員三〇〇万人を擁していた。[*199] 日伊両国の間には歴史的経緯の違いがあったのは当然だが、イタリアの各組合には自立性の高さが見られ、複合・多面的であるのに対して、日本の場合にはコンフォーミズムと画一性が顕著であった。

政府は一九四六年二月、緊急勅令で食糧緊急措置令を公布して供米を強行したため、供米強権発動反対運動が、一九四五年の大凶作、戦時中の農業生産力の破壊、農村における膨大な過剰人口を背景として展開される。従来の小作争議と異なる「新しい農民運動」として青森、秋田、山形、茨城、栃木、山梨、長野、新潟、富山、石川、三重、岡山、福岡、大分など一四県で、役場・地方事務所に対する抗議デモや、数千から一万を越える県庁への大デモまたは大集会が実施され、政府も一九四六年八月の臨時国会で食糧緊急措置令を改正、食糧調整委員会の設置を認めた。これらは小作貧農の「飯米確保」の生活防衛運動で、明確な方針と指導によるものではなく、自然発生的高揚に依拠し、一九四七年二月の最盛期一二五万の組合員を擁した日農も、第二次農地改革の施行とともに急速に衰退する。[*200]同様な傾向は労働組合でも見られ、戦前の組織労働者数が全労働者の七％前後、その絶対数も四二万が最高の数字で、しかもそれが四分五裂していたのに比して、戦後六カ月の間に組織的な結集を果たした。しかし、戦後も社会党が共産党を排除する動きに変化はなく、総同盟と日農が同調して共産党もふくむ人民戦線を否定して分裂状況を深め、両組織とも戦後当初の勢いを失っていく。[*201]

本来ならば社共両党は人民戦線の中心的主張者となるのが、ヨーロッパ左派の特徴だったが、日本の場合は両者が歴史的にも理論的にも対立したままであった。とりわけ戦前の右派的無産政党から社会党へ流れてきた人々には、「いかなる非民主的資本家であろうといかなる思想とタイプの保守政治家であろうと妥協点をつくり出しうる〝泥くさい〟政治技術の持主」も多かった。他方、共産党も「左翼セクト主義そのままの体質」を引きずりながら戦後の再建に至ったこともあり、天皇制の縮小温存路線をとる社会党との共同戦線に消極的となった。[*202]それでも、天皇制問

	1945年10月	1945年11月	1945年12月	1946年1月	1946年2月	1946年3月
労働組合数	8	66	434	1008	1726	3297
労働組合員数	4,206	63,458	312,149	522,074	634,855	1,031,361

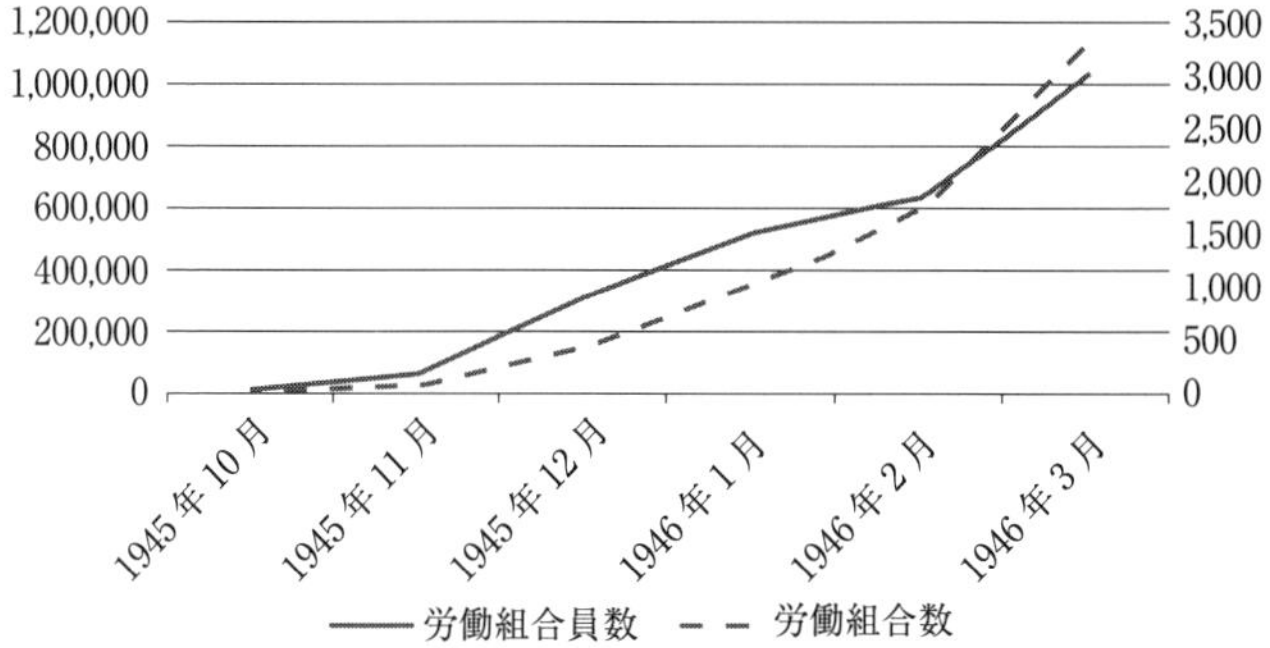

表1　敗戦直後の労働組合数と労働組合員数（斉藤一郎『斉藤一郎著作集第三巻』あかね図書、2005年、55頁をもとに作成）

題について柔軟な姿勢を示す共産党の野坂参三が中国から帰国すると、一九四六年一月の帰国歓迎集会で、彼は民主主義実現が遅れている根本原因に民主的諸勢力が分裂、分散している点を指摘した。[*203] 歓迎集会には尾崎行雄も「小異を棄てて大同につき」、「民主人民戦線に欣然参加する」というメッセージをよせ、世話人の一人であった石橋湛山も壇上に顔を見せる。こうした自由主義者も加わった人民戦線の呼びかけや世論の高揚に押されて、社会党も一時は対応の姿勢を示さざるを得なくなるが、社共両党の志向と行動の基調は結局、変わらなかった。[*204]

にも拘わらず、あえて組合や人民戦線の動きを取りあげたのは、戦争の最終段階で末期症状を呈していた専制・官僚主義的な為政者たちの

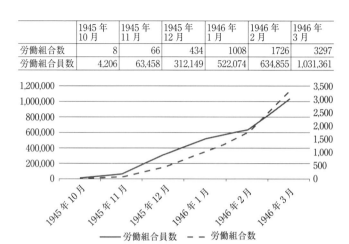

保身工作に対抗できたかも知れない存在と考えたからである。しかし、なぜそれらが戦後の民主主義を積極的に提起できるほど強力になれなかったのか。憲法研究会メンバーに視点を移す前に、この問題を分析しておくことは、各メンバーの立ち位置を解釈するにも重要となろう。共産党系の労働運動活動家は以下のような感想を漏らしている。

関東の労働者は一度闘争の火蓋を切ると要求なんか忘れて、一発ガンと喰わしてやれと機械を止めることに夢中になる。経営者の方も共産党が指導する闘争とわかると意地でも譲歩しようとしない。大阪では違うようだ、どこまでも冷静で、労資ともに損得を計算している。*205

これは関東と関西の政治・経済感覚の差異という意味で面白い指摘であるが、実は日本における精神主義と打算主義の両極化を表わしているとも考えられる。つまり、本来なら労働者個々の権利を獲得するという目標が追求されるはずなのだが、争議優先の戦闘性が強調されるか、組織利益を確保するかの択一になっている。その場合、指導者の一存で組織の運命が左右されやすくなり、個々の労働者が主体的に自らを律し、自治を形作っていく余地は限られてしまう。また構成員は、ボス交渉によって決まった分け前を享受するだけの存在に陥りやすい。個人の権利意識と個別利益との峻別は難しいものの、権利は自分のみが声高に要求して済むものではなく、同じ権利を他者にも認めなければ成立しない。本節で繰り返し植民地の問題に言及したのも、権力を行使される側との相互作用に着目しているためである。加えて、専制・官僚主義と対峙する状況でも、単に権力を奪取することが要点ではなく、凶暴になる危険性を有する権力それ自体をどのように飼い慣らすかということが民主主義の要諦であるともいえよう。無論、そこには権力闘争や打算など様々な要素が絡まり合っているが、少なくともデモクラシーの運動においては、それらを自己目的化せず、小異を捨てずに、むしろ小異を残した形で大同につく寛容さが求められる。これは日本に限らず権利主張の普遍的に直面する課題だが、個人の権利として自由、平等が語られにくい社会では、その運動を革命の顕現として評価したり、民衆暴力の爆発として拒絶したり、両極の扱いを招きやすい。それが精神主義と打算主義という二項対立にもつながっている。

ここでいう精神主義は、日本の民族的特殊性を強調して、しかも道徳と一体化させた形で、そのコンフォーミズムからの逸脱を一切許容しない国体の論理と呼応関係にある。国体に反対した側も、それが教条主義的マルキストであれ、同様な観念的偏執から解放されるのは難しい。逆にこうした観念先行型の見方への反発もふくめ、あからさまな実利一辺倒、打算主義になる傾向も登場していた。いずれにせよ、敗戦後は国体と結びついた精神主義を公然と主張できない保守系知識人は、文化主義という新しい立てこもり先を見つけ始めた。それは一見文化的には寛容な姿勢を示すが、政治的には不寛容で、大衆を代弁したり組織しようとする運動には強い嫌悪と反発を示す。政治主義に直結する社会主義への対抗意識から、教養を基調とする文化主義は、日本型共同体主義に依拠しつつ、伝統を人間関係の狭い枠内で捉えようと試みたのである。[*206]この潮流は反俗的エリート意識に留まらず、「政治的中立」への一般的こだわりに連なっていく。政治的色のついているものへの忌避は、当時としては保守反動の証であったとしても、少なくとも戦前の「アカ」排斥を戦後に新たな反共主義として翻訳し直す役割を担った可能性が高い。しかも日本では、多くの政治家や知識人はかつて述べた議論の内容をめぐって追及されず、「転向」は主として左派に限り課せられる桎梏となっていった。

ゆえに本書では、様々な論者の思想の一貫性については問うが、「転向」という形では論じない。時代状況や与えられた立場によって、個人が態度の変更を迫られることは、やむを得ない場合もあろう。しかし、民主主義が説明責任をともなうとすれば、それが公的な言動である限り、後世の批判に耐えられる一貫性は必要となる。とりわけ戦争の前後という極限状況の中で、人々が生死の境をさまよっている際に、敗戦という外的な衝撃にのみデモクラシーの命運を託せないからである。両極分解しがちな政治・運動の態様と、逆に集団同調性に反する存在を徹底排除する「無色透明性」が求められる日本において、民主主義の可能性をいかに見いだすのか、憲法研究会メンバーの試行錯誤を次節では論じたい。

2 憲法研究会メンバーの役割

本節は憲法研究会メンバーの包括的な伝記を記すのが目的ではなく、戦争を契機として民主主義がどのように意識され、新しい構想が生み出されていったのかを検討する。戦時下で「バスに乗り遅れるな」といった便乗主義が横行する中、憲法研究会メンバーは苦渋の日々を経験しており、それをバネとして戦後の新社会建設へと期待を膨らませたのである。従って、戦前における彼らの言動がどのように戦後まで結びついていったのかを考察することは、民主主義構想の把握に不可欠となる。そこに見られる一貫性や変化は、戦争と平和をめぐる様々な問題を内包しており、新たなデモクラシーの萌芽と転換を示唆している。こうした連続・非連続のいずれに対しても、戦争の刻印がはっきりなされており、各メンバーの立ち位置を規定した。

⑴　社会民主主義の可能性

この項では、大正デモクラシー期に社会主義の影響を受けて左派的な言説が顕在化していた三名を取りあげる。しかし戦後になっても、戦前来のマルクス主義的思想傾向を保ち続けたのは鈴木安蔵だけで、森戸辰男は戦後の社会党右派に、室伏高信は戦前から時局に迎合した対応を反復している。これらの経緯自体が民主主義をめぐる議論とも関係しており、具体的な事例を検証していく。

a.「人民」の憲法――鈴木安蔵

鈴木安蔵は一九〇四年、近世まで江戸との直接航路があった福島県小高町で生まれた。祖父の事業失敗、父の早世から、ささやかな雑貨商一家として育ち、両親の影響で一九一六年、プロテスタントの洗礼を受ける。旧制第二高等学校を経て京都帝国大学に入学、一九二二年に発足していた京大社会科学研究会に入会して、学内のマルクス主義に関する勉強会を続け、一九二五年には文学部から経済学部へ転部した。翌年の「学連事件」第二次検挙で逮捕されて以降、釈放、検束が繰り返される。彼は社会運動に関わり続け、明治憲法体制が官僚優位、専制的政治支配を可能にしていると強く認識し、憲法学、国家論の研究へと向かっていく。そして、日本の立憲政治が本来憲法上の責任を負わない元老・内大臣に加えて、軍部や枢密院など独立性の強い大官僚が議会より大きな権力を行使していると核心にふれる批判を展開した。鈴木は天皇制の特殊日本的な特質を、国家機構に残存する封建遺制に見いだす一方で、資本主義の発展を推進すべく専制的官僚機構が形作られたと分析している。*207

鈴木は一九三五年の「天皇機関説事件」に際しても、美濃部達吉を擁護する論文を執筆するが、一九三七年にそれまで書いてきた軍部の立憲主義破壊、官僚のファシスト化、政党の退廃・無気力を指摘する時評論文の著作が出版法違反で有罪になる。その訊問も社会主義国の憲法を礼賛していると難詰される時代状況で、以降「国策批判」の論考公刊はできなくなり、勤務先の衆議院憲政史編纂会も辞めざるを得なくなった。同様に馬場恒吾のファシズム批判や河合栄治郎の自由主義論も矢面に立たされ、この時期、朝鮮半島出身の学生が印象に残った講義として名前のあがった大学教授が留置され、鈴木の友人であるということさえ問題になっている。鈴木は戦後になり、美濃部から新憲法制定をめぐって批判された逆転現象に言及して、天皇制イデオロギーの根深さを慨嘆している。*208 しかし鈴木は、美濃部が戦後において明治憲法体制を擁護した守旧性より、戦前における美濃部すら日本政府が許容できなかった不寛容さに、以下のような怒りを示したのである。

美濃部学説は、ドイツの法実証主義的国法学の限度においてではあれ——国家法人説・天皇機関説——……絶対主義的傾向の強い君主主義的外見立憲制にたいする自由主義的立憲君主制的批判をなすものであった。この点では、吉野博士の民本主義も同じレベル、限度のものであったけれども、しかもそれらすら、日本の国土においては、はなはだしく「危険」な、「国家を誤まる」「反国体」的学説であるとして権力的に葬られるにいたったのである。……やがてそれが、天皇制ファシズムの支配をいささかも阻止せず、またその障害ともなることなしに敗戦まで日本帝国の最高法規として存続したのは、むしろ必然のことではないか。*209

鈴木は戦前を通じ、表立った発言を封じられていったため、一九四〇年の第二次近衛内閣が提起した「大東亜共栄圏」構想に期待を示すようになる。彼はこの自らの誤りを反省する意味から戦後、大学や学界に地位を占めることを長らく自制していった。それでも鈴木は、憲法研究会が役目を終え、日本国憲法が公布された後も、全国各地で新憲法の解説・普及活動に没頭していった。実際、近衛の構想に傾倒し始めた時期においてなお、彼は一九四一年一月に憲法史研究会の創立に動いていた。しかも当初の名称は憲法研究会で、軍部独裁への対抗拠点を意識して、議会政治の一線を守ろうとしたのである。戦争が終わるとすぐに鈴木は、専制や人権蹂躙を絶対に許さない新憲法制定を提唱している。一九四五年一一月に幣原喜重郎首相は、民主主義政府を終息させた有害分子が一掃されたので、明治憲法改正は必要でないとの姿勢を表明した。鈴木は、幣原が戦前デモクラシーのモデルとして念頭におく一九二〇年代の日本政府から苛烈な弾圧を受けていたこともあり、たとえそれが誤った運用や解釈によるものであったとしても、そうした余地のある欠陥憲法は改正せねばならないと主張した。また、天皇自身が聡明、平和的であったとしても、宗教的存在、政治制度としての国体を廃止すべきと明確に論じている。[*210]

鈴木は幣原内閣を東條内閣と本質において変わらないとまで述べ、共産党も巻き込んだ人民戦線を忌避するのは、日本の民主化にブレーキをかけると憂いていた。何となれば、旧勢力が政治的抑圧の体系を解体せずに、所々の建て増しで温存しようと画策する以上、民主政治革命を政治、経済、宗教、科学、教育といったあらゆる分野において全面展開する必要を訴えた。[*211] 彼の懸念が単なる杞憂でないのは、以下の幣原をめぐるエピソードでも明らかとなっている。それは、人民戦線の結成を山川均が呼びかけ、石橋湛山、高野岩三郎、長谷川如是閑、野坂参三、荒畑寒村、安部磯雄などとともに世話人会を一九四六年三月一〇日に開き、団体名を民主人民戦線連盟とした直後の事件であった。同連盟が中心となった四月七日の幣原反動内閣打倒人民大会では、「人民の発意に基く民主的方法による新民主憲法の制定」をふくむ暫定共同綱領が決定され、デモ行進をして首相官邸へ向かい、大会決議を幣原首相に手交すると要求した。ところが、官邸警備のMP（ミリタリー・ポリス）が代表として先頭に立っていた荒畑寒村のネクタイをつかんで地面にたたきつけ、読売新聞争議の中心人物となる鈴木東民が英語で「われわれの代表だぞ」と叫んでことなきを得たが、鈴木安蔵は占領軍の正体を見せつけられたと驚いている。さらに、首相秘書官は会見を容易に承知せず、ようやく鈴木安蔵は、共産党の徳田球一、鈴木東民などを加えた五、六名で首相応対の場に臨み、その印象を記している。[*212]

幣原首相については、永いあいだ軍部や右翼の圧力で政界から葬られた形になっていたのが、この時期に脚光を浴びたので、わたくしはむしろ好意を抱いていた政治家なのだが、護衛の私服につきそわれて現われた姿は想像以上に老いて、たよりない姿であった。のみならず代表して決議について話す徳田氏にたいする返答もハッキリしない。モグモグと口ごもる風で、わたくしは、こんな老人ではまことにたよりないと感じたものである。……「諸君の陳情は承っておく」という返事があったとたん、徳田氏は「陳情じゃないぞ、人民の要求だ」と罵ったものである。話はまだ終わらない。そのうち徳田氏は突然、首相によりそっている私服を指さして「その内ポケットにピストルをかくしているが、いったいなんのつもりだ」と怒鳴った。われわれも緊張した。人民大会の代表者と会見するのに、相手を凶暴な人間たちのように振舞うとは――[*213]

これは単なる鈴木安蔵の独断的評価ではなく、会見の模様について外国人記者も同じ感慨を共有した。そもそも秘書官が撮影用の強烈な電灯、ニュース映画班の録音は困ると述べたのに反発し、すでに長時間小さな部屋で待たされていた新聞記者たちは、「それが民主的な総理大臣か？国民に自分のいう事をきかれるのが怖いのか？明るい光が怖いというのか？やめちまえとそういえ！」といきりたった。登場した幣原首相は視線も定まらず、時々「議論は御免だ」と呟いた。「悲壮なでっぷりした老人」首相は、月五〇〇円の収入制限を課したことに、五〇〇〇円でそれだけ太れるわけがないと徳田球一から指弾された。これに対し、秘書官は何度も一方的に会見の打ち切りを図り、代表たちを怒らせていく。[*214]無論、幣原がこうした場面に慣れていなかった点を割り引くとしても、鈴木安蔵が述べた如く、老首相の感覚の古さ、首相を取り巻く官僚的雰囲気にあきれると同時に、この内閣に新しい民主主義的政治を期待することの難しさを再認識させた。[*215]だからこそ鈴木は、新憲法の民主的制定手続にこだわり、憲法研究会としても憲法制定会議の必要について呼びかけ、人民戦線運動との連携を試みたのである。[*216]

憲法研究会草案の作成については、唯一の憲法専門家であった鈴木を抜きにして論じるのは不可能だろう。彼が新憲法の内容として真っ先にあげたのは、自由権が無条件に、かつ詳細に保障されるべきという主張である。実際、憲法研究会はほかの憲法草案以上に、社会権もふくむ人権の諸規定を網羅していた。ただし慎重な鈴木は、熟議を重んじ、会員中に一人でも異議のある条文は採用しないという方針を厳格に守った。高野岩三郎が提起した共和制の問題も、多数の人々は理論的に賛成でも時期尚早という判断になり、一九四五年一二月二五日に鈴木が公表する最終版の「憲法草案要綱」を清書した。それでも、討議を通じて共和制の理論的正当性、天皇制の不合理が会員の間で意識された結果、天皇の部分は簡潔かつ民主的に改められている。鈴木は在野の憲法研究者としての自負もあり、日本の公法学界が法の解釈者に留まり、新たな規準の創造に無力で保守的であったと批判する。[*217] しかし、彼が何より反発したのは、鈴木たちの憲法制定会議運動を無視していた政治家たちが、国体護持と称し率先して新憲法に賛成しておきながら、後になって「自主憲法」などと語り始める状況であった。自らの戦時期における過ちを重く受けとめていた彼は、以下のように、その度しがたさを憤っている。

しかるにみずから進んで賛成し可決し、今日にいたつて、占領軍の銃剣による脅迫とか「押しつけ」とか、はなはだしきにいたつては軍令憲法であるなどというごときは、あたかも大東亜戦争の責任について、自分は反対であつたが、軍の圧迫によつて心ならずも賛成したとなして、いたずらにみずからの責任を回避したものと全く同一の無責任な態度であるとおもう。*218

鈴木安蔵は、戦前からマルクス主義に立脚した憲法学を志向した稀有な在野の研究者であった。明治憲法体制下の憲法学者の多くが帝国大学教授の時代に、彼は概念法学や官僚法学にとらわれない民主主義を基盤とする人権、自治、平和のための憲法学を創始したともいえよう。他方で、共産党の運動とも一定の距離をおきながら、自由主義者と社会主義者の架け橋となる役割も果たし、憲法研究会の裾野を広げた存在となる。一見、研究会メンバー最若年ゆえに、単なる書記のような扱いで言及もされるが、戦前の弾圧下において発掘した自由民権時代の憲法草案を踏まえ、労働権、生活権などの新たな人権も盛り込んだ研究会草案の作成が図られた。この鈴木の立場は、官学あるいは左翼アカデミズムにおけるアウトサイダーという消極的なものを越えて、戦後の斬新なネットワークを形成する、独立したコミュニケーターとしての意味も有していた。*219

b.「現実的」憲法施行――森戸辰男

鈴木とはまったく異なる形で、戦後も左派の一端を担う森戸辰男は、一八八八年に福山市に生まれた。没落士族の家庭において日曜学校へ通い、中学三年の頃、洗礼を受け、新渡戸稲造を校長に迎えた旧制第一高等学校に入学する。東京帝国大学法科大学経済学科に残り、高野岩三郎の経済統計研究室で助手をした後、一九一六年に助教授となった。一九一九年暮れに経済学部は学術機関誌『経済学研究』を刊行することになり、新しい社会科学の立場から大学に新風を吹き込もうと、森戸は「極悪非道の危険思想」と警戒されていた無政府主義に着目し、「クロポトキンの社会思想の研究」を創刊号に掲載する。これが朝憲紊乱と見なされ、森戸事件に発展し、禁固三カ月の実刑判決を受けた。[*220] 彼の論文には「個人が自由でない間は如何なる社会も自由ではない」とピョートル・クロポトキン（Pjotr Kropotkin）の言葉を引いているが、政府は森戸事件を追及して、第一次世界大戦後に勃興したデモクラシー（「衆愚」と「学者」との結合）を抑え込もうと試みたのである。[*221] ただし鈴木安蔵と比較すると、同じ弾圧を受けながら東京帝国大学と高野岩三郎によるネットワークの庇護下にあった森戸は、その後、留学にも赴き大原社会問題研究所に安定した職を得ており、共産党関係者との接触が多かった鈴木とは対照的な経歴を歩んでいる。

エスタブリッシュメントとの距離の近さは、権力への近さでもあり、政治の舞台で理念の実現可能性を高める。研究会メンバーの中で、直接憲法制定に大きく関わることができたのは、憲法改正の特別委員会、小委員会に参加した森戸辰男であった。実際、彼は同じく社会党から選出された西尾末広とともに、最低限度の生活に対する権利を主張し、国が国民の健康な生活保障を行なう合意を取りつけていった。これらは憲法研究会結成のきっかけとなった日本文化人連盟でも目指された方向性で、自由主義者と社会民主主義者との合作により「平和と民主主義」を目標にスタートを切っている。とくに準備会参加者の中には、高野岩三郎と森戸によって社会民主主義を強めようとする動きも存在したものの、室伏高信や鈴木安蔵は憲法研究会を文化連盟から切り離し、高野がＮＨＫ会長、森戸が文部大臣に就任すると、共産党が離れ、自由・社会両党の結合も失われていった。[*222]

一九四七年五月の片山哲を首班とする内閣の成立は、内務省の解体と国家公務員制度の導入により行政機構の民主化を推進し、労働省を設け、失業保険や児童福祉法も作り、不敬罪や姦通罪を廃止した点で、進歩的な民主政治の端緒を示したと森戸は評価している。[*223] 自身の文部大臣時代（片山・芦田内閣）には、教育勅語廃止に尽力し、以下の発言を一九四八年六月一九日に行なっている。

敗戦後の日本は、国民教育の指導理念として民主主義と平和主義とを高く掲げましたが、同時に、これと矛盾せる教育勅語その他の勅許に対しましては、教育上の指導原理たる性格を否定してきたのであります。このことは、新憲法の制定、それに基く教育基本法並びに学校教育法の制定によつて、法制上明確にされました。……

詔勅中最も重要である教育勅語につきましては、終戦の翌年、すなわち昭和二十一年三月三日、文部省は省令をもつて国民学校令施行規則および青年学校規定等の一部を停止いたしまして、修身が教育勅語の趣旨に基いて行われるべきことを定めた部分を無効といたしました。次いで同二十一年十月九日、文部省令において国民学校施行規則の一部を改正いたしまして式日の行事中、君ヶ代の合唱、御真影奉拝、教育勅語捧読に関する規定を削除いたしました。この行政措置によりまして、教育勅語は教育の指導原理としての特殊の効力を失効いたしたのであります。……

さらに思想的に見まして、教育勅語は明治憲法を思想的背景といたしておるものでありますから、その基調において新憲法の精神に合致しがたいものであることは明らかであります。教育勅語は明治憲法と運命をともにいたすべきものであります。[1-224]

森戸は教育勅語等排除に関する決議案可決後に、以上のような説明をしたが、実はこの伏線はすでに憲法研究会の草案段階から「新憲法の規定並に民主主義精神に反する一切の法令、制度は直ちに撤廃さるべきことを規定すること」と明記されていたのである。[*225] また、一九七二年年六月に家永裁判の政府側証人として語った際、教育勅語には国家神道的な要素が色濃く、宗教の自由から鑑みて不適切と述べ、さらに国民主権となった時代に勅語が教育の基本になるのは問題であるとまでコメントしている。憲法研究会におけるコンセンサスが森戸の一貫した主張に反映されていると見ることもできよう。しかし彼は同時に、「国を興していくためには、国家と民族に対する一般の国民の愛情がなければならないのです。それをただ、個人の権利と自由ということだけを考えて、それをないがしろにすれば、おそらく当時の中国やインドと同じようなことに日本はなってしまう」と証言している。[*226]

森戸が民族主義的な語りを繰り返す傾向は強く、一九四六年の論考でも「戦勝国家の恣意にも迎合追従する退廃民族に堕落する」ことへ警鐘を鳴らし、「或る民族を戦争無能力国家の意味における平和国家の境涯に長く釘付けしておくことは、これを奴隷国家とする」に等しいと断言している。そして、「道徳的性格の強靱な民族」である必要性に言及するのだが、問題はこれが日本人以外に適用可能かという点である。[227]森戸は、戦前の中国やインドを揶揄するに留まらず、一九五八年二月の憲法調査会での証言において、憲法第九条が「敗戦国の詫状文のような感じがする」とまで述べ、天皇についても「日本の民族の結束を固めていく上において必要である」と踏み込んでいた。[228]そうした経緯から考えると、森戸が文部大臣時代に、日本の朝鮮学校閉鎖問題で民族教育を認めなかったことは、他民族にはそうした誇りをもつのも許さないとの意思表示にさえ見える。

そもそも彼の文相就任前に出された一九四七年一月の通達は、朝鮮人子弟に就学義務を課しながら、各種学校に該当する朝鮮学校の新規設置を許可せず、既存の朝鮮学校閉鎖へと向かう性格のものであった。私立学校としての認可申請の道は残されていたが、その場合、学校教育法の規定が適用され、朝鮮語教育は「課外」という扱いに限り認められる方針が出されている。在日朝鮮人連盟の教科書を用いて朝鮮語により教育を実施していた学校が、そのまま認可を受けることは事実上難しくなった。朝連中央総本部文教部長は一九四八年二月、在日朝鮮人に帰国を促していながら母語教育を認めないのは機械的な措置適用であると、歴史的・現実的考慮の必要を訴えて、森戸辰男文部大臣へ抗議文を提出した。朝連側は日本の教育法規を無視するものではないと主張しても、山口、岡山、兵庫、大阪などの知事は、三月以降、文部省の通達に従わなかったとして、一方的に管下の朝鮮学校に閉鎖を命じた。しかも、抗議した朝鮮人たちに対して警察や軍隊が死傷者の出るような弾圧を加え、二〇〇〇人近くが検挙されたのである。*229

もとより敗戦前における朝鮮人全体の識字率は二三%を越えず、朝鮮財政支出の二・三%が日本人師弟の教育費にのみ充てられていただけでなく、本国内では就学義務があったにも拘わらず就学できたのは半分にも満たなかった。ましてや中等学校は、学校側が入学を拒み、朝鮮からの留学生も特高警察に追い回されていたのである。戦後になっても日本政府は朝鮮人問題について従来の治安対策を繰り返し、朝鮮半島へ帰れなかった人々はやむなく金を出し合い、一九四六年九月までに五二五の初等学校、四つの中等学校、一二の青年学校を自力で設立していた。森戸文相は、戦前の実態や朝鮮学校閉鎖をめぐる状況の推移について報告を受けていながら、管轄外として検挙者の釈放要求に応じないばかりか、具体的な教育に関する要求についても、ほとんどゼロ回答を示していた。*230 当初から学校閉鎖に対する抗議が政治的に利用されていると報告されたり、「共産主義者の扇動による暴動」といった偏見が強かったため、朝連でさえ「あたかも特権を主張するかのような印象を日本人民に与えるようになれば、自ら孤立を招来する憂慮」もあると、文部省が提示した譲歩の見られない内容のまま、一九四八年五月の覚書交換に至ったと説明している。*231 そして森戸は、以下の通達を各知事へ一九四八年五月中に早速出している。

朝鮮人の教育並びに取扱いについて【遺憾な点の多々あったことを深く反省改善し、今後の処理に当って】は善意と親切とを旨とし、両民族の将来の親善に寄与するよう取計われたい。

（【　】の部分は草稿段階で削除[*232]）

一見、反省をしているような文章ではあるが、結局、削除部分を抜けば一般論程度のものに留まっている。その内容も、朝鮮語、朝鮮の歴史・文学・文化など朝鮮人独自の教育を行なうことを認めるとしつつ、それらはあくまで「選択教科・自由研究及び課外の時間」になされ、放課後や休日に各種学校へ通わせるのが許されたにすぎなかった。認可申請への対応は自治体に丸投げされた形で、朝鮮学校側からの意見聴取についても努力目標となっているだけであった[*233]。敗戦時に日本本土に残されていた二〇〇万人以上の朝鮮人は、当初から天皇制に批判的な共産党とのつながりがあると警戒され、憲法草案から外国人の人権保障規定が取り去られたのと軌を一にして、在日朝鮮人は日本国籍を有しながら参政権も剥奪された[*234]。こうして民主主義の根幹に関わる「参加」を拒否された人々はその存在さえ無視され、教育の権利を奪われていった。その過程に、民族や愛国心を強調していた森戸文部大臣も荷担したのである。たしかに彼は当初、「反省」の言葉を入れようとメモ書きし、こうした問題を一切顧慮しない動きと異なる態度も示したが、旧植民地の人々を日本人へ編入しようと試みた点で大差はなかった。自国民にしか人権を認めないデモクラシーがあるとすれば、それは普遍性の薄まった内向きの一国主義と捉えられよう。

一九四八年八月六日に大原社会問題研究所関係者の戦没追悼会が文部大臣公邸で行なわれ、社会党関係者が集まった折り、高野岩三郎が戦前に無産政党結成をめぐり党首就任を依頼された話となり、その際、高野は共和主義者と明かし、迷惑をかけられないと就任を固辞した経緯が初めて詳らかにされた。ところが同じ席上で、昭和天皇個人が良い人間だからという理由から天皇制擁護論が主張されることに違和感が表明されると、森戸は「ボクだってそうおもう！」と即座に断乎として擁護論の方を支持したという。また、一九四九年四月の社会党第四回全国大会では「森戸・稲村論争」が展開され、森戸はマルクス主義との対決を言明し、社会党は階級政党でなく、国民政党を目指すべきと述べる一方、民主革命は社会革命と併行して実行可能と位置づけ、片山・芦田両連立内閣を弁護したのである。森戸の政局にも直結した率直な姿勢は、逆に左派の反発を促す結果となり、党内における左右対立を激化させた。さらに彼は、家永裁判における政府側証人として出廷した際、国民が抱いている良識に沿うものとして検定制度を肯定したうえに、教員組合からの批判について、特殊なイデオロギーをもっている人間が全面反対を唱えても一般国民は別であると語り、自衛隊違憲説をめぐって憲法学者はもう少し憲法を勉強すべきとまで言い出している。[*235] ともかく少数意見の尊重、熟議への配慮からは遠ざかった印象を与える。

ここで問題にしたいのは森戸が「反動化」したかどうかという点ではなく、彼の言動がどのようにつながっているのか、という一貫性についてである。憲法研究会で象徴天皇制に舵を切ったはずの議論が、いつの間にか昭和天皇個人への親近感如何に変わってしまう。連立内閣支持が先なのか、理論的議論が趣旨なのか、しかも戦前からの主張がどのように転換してきているのか、という疑問も生じよう。そして、家永裁判の証言で繰り返される「国民」の強調は、朝鮮人排除の論理と奇妙に呼応しているようにも見えてくる。無論、教育勅語からの解放が、戦前の天皇制によって脅かされていた個人の内面の自由確保に大きく貢献したのは重要であった。しかし、それだけに少数者に対する圧迫へつながる言動は矛盾として浮かび上がる。

権力に近づく過程では、現実主義への転換が必要となるのはやむを得ないとしても、かつてのあるいは本来の理想主義は何処にあるか、という問いかけが不可避となる。戦争直後における民主主義の想定した担い手が「国民」に限定されていたことは時代的制約もあろうが、民族性の発露を自国民にしか認めない態度は結局、自らと異なる他者を「一般国民」から逸脱した存在として排除する議論につながりかねない。教育を主管する大臣にまでなった人物が、自分のかつて被った不寛容を再燃させる危険について、どう考えていたのかは追及されるはずである。

c．「反天皇」の扇動者――室伏高信

室伏高信は一八九二年に神奈川県の湯河原町に生まれ、彼自身の説くところでは、金貸業を営み役場の収入役から村長にまで登りつめた冷厳な父親への反発から、強権をはねつける抗議精神、自己解放の欲求を高め、民主主義理解も徹底した自治へのこだわりに行きついていった。[*236] そして無政府主義に親近感を抱き、「バクーニンやクロポトキンは人ぐるみ好きだった」と述べている。[*237] 明治大学法科を中退し、『二六新報』に勤め、尾崎行雄などの憲政擁護運動を取材、それを支持する社説を執筆した縁から、尾崎の紹介で『時事新報』に入り、さらに『朝日新聞』へ移ったが、一九一七年の衆議院臨時総選挙での応援演説が官吏侮辱罪に問われ、解雇を通知された。この演説に際し、アメリカにおいて官吏は「人民の奴僕」と語ったのが[*238]問題にされ、一四日間留置されたのである。しかし、すでに政治記者として評価されていた室伏は、一九一八年に主要論壇へのデビューを果たし、『改造』、『中央公論』などに毎月十数本の論文を掲載し続けた。[*239] 室伏を論壇の寵児として飛躍させたのは、エスタブリッシュメントに対する歯に衣着せぬ批判であった。それは単純な「反体制」を意味せず、一九一六年には舌鋒の矛先が吉野作造へも向けられ、女性参

政権や労働組合運動といった新時代のデモクラシーから遠ざかったものとして民本主義を批判するに至っている。吉野の議論は、古い独裁政治や貴族政治への対抗にはなっても、政権が人民にあるという人間の権利として、不断の自由を求め漸次成長するデモクラシーを捉えていない、と室伏は厳しく指摘した。[*240]

室伏は時流をつかむのに敏で、ロシア革命が発生すると、「政治的デモクラシーから社会的デモクラシーへ」の方向転換を巧みに図っていく。一九二一年には雑誌『改造』から資金を得て「世界漫遊」の途につき、イギリスで労働党のシドニー・ウェッブ（Sidney Webb）、アーサー・ヘンダーソン（Arthur Henderson）に加え、H・G・ウェルズ（Herbert George Wells）などを訪問し、ドイツではカール・カウツキー（Karl Kautsky）、フリードリヒ・エーベルト（Friedrich Ebert）大統領からアルベルト・アインシュタイン（Albert Einstein）まで、スイスにおいてもロマン・ロラン（Romain Rolland）と会っている。[*241]ただし、帰国後の一九二三年にベストセラーとなるのは、オスヴァルト・シュペングラー（Oswald Spengler）の影響が濃厚な『文明の没落』で、自ら創設した批評社より五四版を増刷するに至った。人間生活の機械化が生活の非人格化を徹底させてしまい、権力者、服従者、富者、貧者を問わず、その機械的作用が自由を喪失させるといった文明批判で、協同的・諧調的社会への伝統回帰色が強くなっている。彼の議論は、マルクス主義も

「都会的社会主義」として排し、階級闘争だけでは農村の貧困は解決されないと主張する方向へ転じていく。ここで室伏は、文明論を論じることで時代の半歩先を行き、新しい農村像を描いてみせた。されど、奇をてらったものの、今さら自給自足の未来が開けるわけもなく、社会科学とは異なる精神主義的な世界へ迷い込んでいる感は否めない。[*242]

それでも室伏の日中戦争前までの論考には、なお権力に対する鋭敏な批判が残されており、戦争をめぐる彼の論点は相当ラディカルなものであった。彼は「軍隊の市民化」によって軍隊の統制力を市民の手に移すというジャン・ジョレス（Jean Jaurès）の提起を紹介する。ところが、日本では逆に市民の軍隊化が進行しており、文化的平和主義への挑戦となっていると指摘し、議会における軍縮の議論は「だまかし」であると糾弾している。[*243]そして、一九三二年一一月『満蒙論』の中では「積極政策」に反対し、経済的に中国を助成する政策を唱えたが、刊行即日発禁にされた。室伏はその中国語訳が『大公報』に連載されたことを知るが、彼は中国人からもっとも愛されていた日本人と自負している。[*244]とくに一九三五年から一九三六年にかけて北京大学教授の胡適との間で交わされた公開往復書簡は、戦争へ向かう日中間の緊張を反映したものとなった。室伏は、西欧文明（物質主義、ユダヤ主義、ドイツ的軍国主義、イギリス的帝国主義）が日本の「義の精神」を蝕ばんだと責任転嫁する一方、英米ソ三国が中国を日本と対立させるように立ち回っており、中国の敵は日本なのかイギリスなのかと選択を迫っている。胡適は冷ややかに、かつてイギリスの誘惑に負けて同盟を組んだのは日本ではないかと返信するが、室伏は中国の真の敵がイギリスであると繰り返し、日本の真の使命が隣国の解放と自由を援助するところにあると主張した。「真の」という言葉が並べられると胡散臭さが募るばかりだが、「相互諒解は相互の自己反省からはじまる」と室伏が平然と書いて往復書簡を最終的に切りあげてしまう無神経さは、彼の語る相互理解・信頼・援助の疑わしさを助長させている。*245

室伏の言動はさらに一貫性を喪失していき、一九三五年にはリベラリズムの時代は終わったと断じつつ、杉森孝次郎をファッショ的として河合栄治郎のリベラリズムは杉森より生彩があると述べている。さらに、杉森がファシズムを英雄主義・帝国主義的に理解していると指摘したうえで、彼の思想が日本的覚醒にまで到達していないと評している。*246 加えて一九三六年の座談会では、軍部の反対しているリベラリズムは天皇機関説であると発言したかと思うと、戦争を自由の中に入れようとする杉森に対して、個人の自由を尊重するはずのリベラリズムが個人を犠牲にするのは全体を優位におくものだと批判している。*247 ところが一九三九年の著作では、民主主義が金権政治と化し、自由主義は自由から出発して一個の奴隷制度に変わったため、その終焉を迎えていると記す。しかも自由主義者のほとんどが社会主義者とまで述べ、「物質主義の非人間性が、その奴隷制が、その利己主義が、精神を無にまで堕せしめている」と文明論の頃からの精神主義が反自由主義、反社会主義へと直結するようになる。[*248]

室伏は、他者を批判することで自らを際立たせるという特異な手法で、その地歩を築いてきた。フットワークの軽さから、時代の先端を切り開いた反面、矛盾は随所に噴出して、批判にさらされることにもなる。[*249]しかし、それにめげず次々と新たな言動を展開するところに彼の強みもあったといえよう。日中戦争勃発直後に、近衛文麿は長谷川如是閑、馬場恒吾、河合栄治郎、矢内原忠雄、室伏を食事に招いて意見を求めた際、最後に話をした室伏は以下のように語った。

となりの平和な国民に銃剣を向けているのが日本精神かどうか。きょうは支那事変がどうなるかという見通しをきかれたわけであるが、問題の要点は見通しではない。これが日本にとっていいことであるかどうか、そういうことではないでしょうか。みなさんはなぜその要点をお避けになるのでしょう。[*250]

これを聞いた近衛首相は黙って頭をうなだれ、馬場恒吾は室伏に近づいて彼の手を握り、「君のはよかった」と嬉しそうに告げてきたという。[*251]ただし、別の証言では、近衛と馬場が傾聴したという点では同じでも、室伏が日本はアメリカを敵にすべきでないと語って長谷川、河合、矢内原を「やっつけた」ことになっている。[*252] 同じ室伏が語ったエピソードでありながら、恐らく時代状況、書いたり話したりする相手によって、微妙に話の内容やトーンを変えており、オポチュニストとしての嗅覚を感じさせる。

室伏は一九三四年以降、雑誌『日本評論』の主幹を務めつつ、『読売新聞』夕刊の「一日一題」というコラムに寄稿を続けていく。このとき同じコラムを杉森孝次郎、馬場恒吾が担当しており、その縁から室伏は杉森や三木清と相談し、左派にも開かれた日本評論家協会を設立した。室伏は自由主義的、反軍的と見なされ、一九四二年には執筆を禁じられ、特高警察の監視下におかれるが、他方で新体制運動にも協力し、戦後公職追放となった。しかし、彼は新時代の到来を読みとり、これまで培った人脈に加え、新たなネットワークから憲法研究会メンバーを募っていく。[*253] 敗戦一カ月後には、新生社立ち上げに参画し、一〇月中旬の『新生』創刊号には、室伏、馬場、岩淵辰雄、賀川豊彦、水谷長三郎、正宗白鳥、尾崎行雄など、「オールドリベラリスト」が綺羅星の如く並んで、戦争で活字に飢えていた読者の大反響」を得て、三六万部は二日で売り切れた。新生社は創刊号が出ると、文化人のたまり場となり、馬場、岩淵、森戸、正宗、船橋聖一などが集った。[*254] 室伏自身も、新生社から立て続けに本を刊行するが、一九四五年中に発行された『民主主義と日本』では、天皇政治がデモクラシーと両立するという矢部貞治の説を「まやかし的学説」と批判[*255]して、以下のように記述した。

民主主義は仁恵でも、いつくしみでもない。自主自律である。それはつくられるよりは生長する。従ってそこには妥協もあり、段階もあろう。しかしその根本はあくまで自主自律で、自ら戦いとったものでなくては民主主義の名に値しない。
従ってまたかかる民主主義が帝国憲法と両立しないものであるのも、もちろんである。[*256]

雑誌『新生』創刊号の熱気を感じた高野岩三郎は、日本文化人連盟の常任委員となっていた鈴木安蔵と新生社顧問の室伏に憲法研究会設立を呼びかけた。鈴木の在野憲法研究者としての専門性および室伏の人脈と行動力に期待をかけた高野は、政府に任せておくのではない、早期の民間草案作りを絶妙のタイミングで持ちかけたといえよう。[*257]室伏自身の論考はラディカルさを増して、「自由主義政党」の一員であるはずの鳩山一郎が行なった田中義一内閣書記官長時代の緊急勅令による治安維持法の厳罰化や犬養・斉藤内閣文相時代の思想弾圧を厳しく批判[*258]し、以下のような主張まで行なった。

ブルジョワ階級の政治的並に経済的な覇権がつづく限り、プロレタリア社会主義は民主主義で、またヒューマニズムたりうる。一人の搾取者、一人の被搾取者の存在する限りは、その社会は是正されなければならないし、革命は行われなくてはならない。デモクラシーもヒューマニズムも一人の例外もゆるさない。[*259]

室伏は天皇についても、行政権などを剥奪し、儀礼的代表としてのみ残る存在と、憲法研究会草案作成時で位置づけ、徹底した脱神話化を図った。三万人を集めた一九四六年一月二六日の野坂参三帰国歓迎大会で登壇した室伏は、天皇を彼とまで呼び、以下のように当時を語っている。[*260]

わたしにデマゴーグの悪癖があってか、わたしはここでロンドンのハイドパークでみたメーデーの光景を話した。メーデーの集まりの中で、共産党員が壇上に立ってバッキンガム宮殿の方向を指しながら、「あすこを来年はソヴエトの本部にしよう」、こういって叫んでいた。下でこれを聴いていた巡査はにこにこしていた。こういう話をしながらわたしも宮城のほうを指した。わたしはただ自由と民主主義といっただけだが、みんながどよめいたり、盛んな拍手がおこったりしていた。[*261]

室伏は、この演説後、主として新聞の投書欄などで無節操と論難され、さらに公職追放を受けて一旦論壇を去った。彼らしい勇み足ではあったが、憲法研究会で合意された内容に即した天皇制の不合理を糾弾する一幕でもあった。しかし、論壇復帰後の室伏は、もはや憲法研究会の片鱗も見せなくなる。護憲派を共産党や社会党の「ためにする」議論と一蹴し、以下のように戦時中のスパイ扱いをしている。[*262]

彼等は新憲法を守るのを目的としているのではない。日本の国力を低下させ、無防備なものとして据えおき、これを他国の侵略にさらそうとするためである。日本国民の大多数は断固としてかかる陰謀――内の敵と闘うであろう。[*263]

吉野作造を「二大政党盥回し的政権主義の平面的なデモクラシー」とまで批判した室伏は、戦争直後には鳩山一郎の「赤化教授」弾圧を糾弾していたはずだが、内なる敵の措定においては戦前の反動勢力と何ら変わらなくなっていった。[*264] 室伏は象徴天皇制の「象徴」を最初に提唱したのが自分で、高野岩三郎の共和制にも正面から反対したのも自分であると自慢する以外に語るべき実質を失った。機を見るに敏で、その実行力から憲法研究会の設立に寄与した存在が結局、民主主義も歴史や伝統を無視できず、それらがなければ民族や国家もあり得ないという退行的な命題に戻っていくのである。[*265] 各時代の半歩先を目指す室伏の思想遍歴は、その対決相手であった民本主義、軍国主義、社会主義の変遷とともに自らを転換させていった。批判こそ民主主義の基盤とはいえ、自らの立ち位置が定まらないオポチュニズムに抵抗の「本部」は見いだせない。

(2) 自由主義の生き残り方

この項では、憲法研究会メンバーの中で自由主義者として戦前から知られていた三人に焦点を絞る。戦前に弾圧の対象となった「自由主義」が、戦後においてどのような形で復活し、民主主義の形成に関わったのかを、長いタイムスパンから検証したい。三人の連続性と断絶性を明らかにすることで、日本の論壇に見る権力、政治、社会とのつながりも浮き彫りとなろう。

a．戦前「リベラル」の矜持——馬場恒吾

馬場恒吾は一八七五年に岡山県の瀬戸内海に面する農村で生まれ、旧制第二高等学校時代に受

洗し、同志社大学神学部を経て、東京専門学校政治学科（現早稲田大学）へ転じた。一九〇〇年に同志社校長の紹介で『ジャパン・タイムス』に入社、一九〇九年にニューヨークへ移り四年滞在した後、日本に戻り当時業界四位の発行部数を占めていた『国民新聞』の外交部長に就任した。パリ講和会議取材のため訪仏し、全権団のふがいなさに憤慨して近衛文麿、鈴木文治などと改造同盟を結成、帰国後には武力主義・侵略主義から平和主義・協調主義、「国威発揚」から「生活充実」への転換を訴え、とりわけ国際労働機関設立に注目して労働問題の重要性を主張したとされている。米騒動についても、「田舎の女房連」によって政府が倒れたと、「人民の政府」を樹立する期待さえ語っていく。また、改造同盟は普通選挙法成立を志向する院内グループとも連携していくが、二〇名の実行委員には杉森孝次郎などもふくまれていた。馬場は一九一九年の改造同盟会主催「普通選挙の宣伝演説会」で司会を務め、『国民新聞』にも犬養毅、尾崎行雄、鈴木文治、長谷川如是閑、与謝野晶子、山川菊栄らによる「普通選挙標語」を掲載し、世論喚起に没頭した。『国民新聞』社長兼主筆の徳富蘇峰もデモクラシーが世界を席巻しているとの認識を共有したものの、富国強兵によって英米との角逐を図る路線は、馬場の批判対象となっていく。*266

馬場はさらに政治との関わりを深め、一九二六年には安部磯雄、賀川豊彦、吉野作造らが設立した独立労働協会で政治部長となり、勤労階級の啓蒙と組織化、互助組合活動・消費運動の促進を手伝った。この活動から片山哲、労働総同盟の赤松克麿などと協力して一二月には社会民衆党を結成し、「政治教育」の面で活動していた馬場は、社会民主主義の立場から綱領、政策案の趣旨説明にあたる。[*267] 実際、社会民衆党綱領は、資本主義の生産・分配方法が健全な国民生活の阻害要因となっており、合法的手段で改革を目指すと指摘する一方、急進主義政党を排すると唱っていた。そして、議会政治に中心をおく「大衆」性とは、公開的、合法的であることを意味するとしている。そのパンフレットに馬場も一九二七年に寄稿して、それまでの既成政党の問題点を指摘した。すなわち、政党政治家として手腕のあった星亨や原敬は、金権選挙で党員を徹底的に統率したが、それは彼らの暗殺をもって幕を閉じる結果となった。他方、伊藤博文のような藩閥政治出身者は、政党を作っても専制君主的に治めようと動いたし、官僚政治家は政府の権力により政党政治家を圧迫した。そこで馬場は、日本の立憲政治が道理や世論でなく情実と因縁で基礎づけられてきたと批判し、日本人全体も政治は政府がしてくれるという依存意識から脱却して、人民が自主独立の考えで政治を行なうべきと主張している。[*268]

この種の自主独立をめぐる議論は「心がけ」重視に終わってしまう例も多いが、同じ一九二七年に馬場が書いた「警官優遇論」は、経済的視点、国際比較におよび興味深い。彼はニューヨーク市警の巡査が日本の三倍以上の給与をもらっているという指摘に始まり、日本では毎月一〇〇人ほどの巡査を新規雇用するが、年間の巡査数は一万二〇〇〇人に留まっており、年に一五〇〇人が辞めていると述べ、その窮状ぶりを説明する。運転免許証を与えると普通の運転手に転職する恐れがあるため、巡査は無免許運転をしているだけでなく、生活苦のイライラから人民へ苛烈な態度を示して社会全体に陰鬱な影響をおよぼしていると論じた。選挙に際し警察が政府に利用されるのも、頑固な守旧派と利己的な政治家が彼らの貧困につけ込んでいる所為と喝破し、警察国家的発想の問題点をついたのである。[*269] 事実、前節でも内務省の変化に言及したとおり、第一次世界大戦後、警保局優位の政治警察偏重が転換され、過度の監視・介入を戒める「警察の民衆化」が掲げられるようになっていた。しかし、このスローガンは「軍隊の市民化」同様、逆転され「民衆の警察化」に変貌し、相互監視社会とコンフォーミズム強化へと向かうことになる。[*270]

それでも、馬場は議会政治の眼目を「生活の世界」で四苦八苦する「凡人」、政治的には「素人」の知恵と常識に依拠し尊重すること、と繰り返した。多くの政治家を論評し続ける中、日本人の英雄崇拝を戒め、たとえば同じ官僚出身のエリートでも、参謀総長を叱責した幣原喜重郎より、優柔不断と目された忍耐強い若槻礼次郎を評価している。馬場は専門的、技術的な官僚政治と対置する議会政治を発展させるには、「民主主義的国民性の養成」と、政党を「下からの人民団結として再編成」することが喫緊の課題と考えた。当然、それには自由な意見の交換と討論が不可欠で、国民に強制される権力的統合へ強い反発を示した。[*271]そして、枢軸へ向かう外交についても、その内容以上に、国民から隠された決定過程と新聞も執筆を許されない事態に疑問を呈し、一人が万事を統制する制度の不均衡性に異を唱えていく。[*272]こうした秘密主義の極みとして、馬場は一九四〇年の斎藤隆夫の戦争批判に関する速記録の削除、懲罰委員会の秘密開催を論難した。片や、内閣情報局は同年中に総合雑誌に対して「執筆禁止者名簿」を内示し、馬場の政治評論を警戒したのである。戦前の無産政党活動家と位置づけられる片山哲でさえ、馬場は頻繁に弁士中止と宣言され、満足におしまいまで演説をやったことがなかったと記している。それほど馬場は、自由自在に発言して国民の審判を受ければよいという態度で、官憲と激突したようである。[*273]

日本の敗戦は馬場にとって解放の意味を有したが、ここまで体制に戦時中さえ公然と反旗を翻していた人物は少なかったため、次々と公的なお呼びがかかっていく。一九四五年一一月には幣原臨時総裁の下、戦争調査会官制が公布され、一九四六年三月には馬場、斎藤隆夫、片山哲、大内兵衛などをふくむ一九名が委員として任命される。しかも一九四五年一二月には貴族院議員に勅撰され、一九四六年六月には美濃部達吉による第二次公職追放委員会が発足し、この委員にも加えられた。それでも岩淵辰雄は、公務多忙な馬場にジャーナリズムの先輩として憲法研究会の任を負わせるべく声をかけたと、一九六一年四月の憲法調査会で証言している。さりながら、馬場は勝手に自分の名前を使っていると抗議して、実際には研究会に関わらなかったと岩淵は続けている。[*274] しかし鈴木安蔵は、馬場が一九四五年一一月から憲法研究会に出席しており、「国際平和なき民主主義は存在し得るや」と重要な発言をしていたと記している。研究会の一二月一日付暫定草案を発送した際には、馬場の名前は入っていなかったが、確定草案を公表するときには彼もふくめ本章冒頭七名の署名がなされていた。[*275] 戦後しばらく経つと岩淵は、室伏の場合と同様に、自らの役割を吹聴する場合もあり、鈴木のように日記をもとに慎重な記述をしていない分、割り引いて考える必要があろう。ただ、高名な馬場が憲法研究会に参加すればオールド・リベラリストもふくむ支持層の幅に広がりをもたせられる、と岩淵が計算した可能性は高い。

岩淵は馬場について評伝を書いているが、面白いのは馬場の政治評論から文集に選択したものがいずれも平和主義的色彩の強い論考ばかりという点である。憲法研究会草案にはなかった「改正草案にさんとして光る条項は日本が戦争を完全に放棄した第九条である」として、世界中にこれだけ平和主義に徹底した国はないと誇っている。同じく読売新聞に一九四六年三月に掲載された記事も、これまで日本の教育が「国内においては仏であれ、国外に向っては鬼になれという傾向があった」が、この憲法下では国内外を通して「友愛の一念」を貫くと記している。[*276] ただし、上記の記事が掲載されたのとほぼ同時期、すなわち馬場の読売新聞社長時代について、岩淵が紙幅を費やさなかったのは、読売争議が戦後のレッドパージ第一号に位置づけられたためと想像できる。しかも、岩淵は戦犯で拘留が決まった正力松太郎に後継社長として馬場を推薦した経緯もあり、主筆として馬場を支えていた。他方、当局による解雇のターゲットとなった鈴木東民編集局長は、彼の近くにいた元共産党員でさえ、マルキストというよりラディカルな民主主義者と見なしており、あたかも戦前の馬場がラディカルと決めつけられ弾圧の対象になったのと類似している。にも拘わらず、産業別組合を中心とするストに同時期遭遇した高野岩三郎が説得による対応に終始努めたのと大きく異なり、馬場はGHQや吉田茂首相といった外部権力に依存し、物理的暴力まで駆使して組合側の「生産管理闘争」を排除した。[*277] 体制から抑圧された経験を有する者が、必ずしも自分の権力を相対化して運用するとは限らない事例の一つになるかも知れない。

b.「アンチ・エスタブリッシュメント」の保守――岩淵辰雄

岩淵辰雄は一八九二年に宮城県に生まれ、早稲田大学を中退後、一九一九年に読売新聞に入社、転じた国民新聞社で馬場恒吾と知り合い、馬場の推挙で代表的総合雑誌『改造』の巻頭言を受けもつことになる。国民新聞時代に陸軍省担当だったこともあり、岩淵の執筆した『軍閥の系譜』は、日本駐在各国大使館が翻訳をさせて本国へ送り、東京裁判の証人にも選ばれる。同書は戦前にふれることも許されなかった一九三一年の「三月事件」、「十月事件」を推進した中堅将校たちが、国内革新を語りながら機密費で豪遊するような堕落した存在で、それでいながらクーデター後の成案さえ不明確であったと論難した。しかも、その謀略集団が戦争を通じて立身出世を遂げて、反対派を弾圧して「統制派」を形成していったと鋭く分析した。そして、歴代内閣も陸軍の陰謀に迎合し、政権に近づこうとしていたと喝破している。岩淵の権力中枢を批判した一連の論考では、近衛文麿も批判の対象となっていたが、近衛は岩淵を遠ざけず、一九四〇年頃からブレーンの一人になったといわれている。一九四五年四月には、後述する近衛上奏文による和平工作を画策したと憲兵隊に拘束され、証拠不十分で九死に一生を得たが、軍部の内部抗争を知りすぎた要注意人物の一人として監視され続けていた。[*278]

実際、岩淵は一九四一年に公刊した『重臣論』でも、為政者たちへの批判を続け、辛辣な言論を繰り返している。彼は一方で、過去の例を巧みに論じて元老重臣の政治利用を戒めた。たとえば、元老西園寺公望が、国際連盟脱退の承認を求めた政府の態度に関し、満洲国承認で意見を徴せず、連盟脱退についてだけ元老重臣に責任を負わそうとしていると難詰した事件に言及したのである。[*279]また岩淵は、歯に衣着せぬ非難を平沼内閣、阿部内閣へ浴びせている。平沼騏一郎首相はパーマを禁止して「肇国の精神」を実現、六十数回密室の五相会議を開いて何も決められない

「道議外交」を続けていると酷評された。阿部信行首相は「何等の才能もなく」非常時の大任を引き受けたこと自体が「不遜」であるとまで語られ、軍部の推薦責任さえ問うている。[*280]一連の首相批判と対照的に、近衛文麿については、一九三八年の段階では国民からの人気が高いと評価し、「日本で一番大切なことは皇室と国民との深い繋りである」とまで記したが、一九四〇年には近衛内閣をめぐる政界の無気力を痛嘆するようになる。[*281]岩淵の軍閥と重臣たちへの憤りは、天皇から政治権力を剥奪する以外、根本的解決がないという確信に至ったと思われる。それが戦後の憲法研究会草案作りへ一気に突入する原動力ともなったのである。

それでも、近衛との接点を生かして岩淵は一九四五年、昭和天皇に戦争終結を勧める上奏文作成を近衛に促し、吉田茂らとともに検束された。上奏文では、敗戦以上に共産革命の恐れを強調し、仏伊両国の共産主義者入閣を例に、ソ連の内政干渉の危険さえ訴えている。軍部内およびその協力者の中には共産主義に通じる者もあると主張し、アメリカならば国体を維持させることができると説得する。たしかに、小磯国昭内閣は憲法の停止により婦女子まで対米徹底抗戦に駆り立てる計画を進めていたが、こうした段階になってもなお陸軍大臣と参謀総長が権限争いを続けている状態であった。[*282]陸軍に対する憤りに加えて岩淵は、敗戦を迎えながら東久邇内閣が憲法改正早期実現に不熱心で、公約にあげていたはずの特高警察問題すら閑却しているのに失望し、近衛による憲法改正の動きを妨げた幣原内閣へも怒りをあらわにしている。[*283] ここで岩淵は吉田茂を幣原内閣に送り込む工作を実現させるが、外相に就任した吉田が憲法改正については「権限外」と一蹴し、連絡すら途絶えたため、岩淵は民間から強い働きかけを試みようと室伏と憲法研究会を立ち上げるに至った。[*284] 一九六一年の憲法調査会において岩淵は、明治憲法をそれまで読んだこともなかったと告白しつつ、憲法改正の主眼は天皇から一切の政治権力を取り去るというもので、自分が関わったのは天皇制の部分のみと述べている。岩淵は、高野岩三郎も当初は象徴天皇制論者ですらなかったと語ったが、鳩山一郎が岩淵、芦田均、馬場恒吾などを招いた一九四五年一二月の昼食会で、憲法研究会が公表した国体の政治的な変更案について、芦田から共産党になったかと「過激派」呼ばわりされ、まともに扱ってもらえなかったと証言している。[*285] ここで注目すべきは、戦前からのリベラリストたちから左派と疑われても、憲法研究会で一致した天皇制の根本的改変については言を左右にしなかったことであろう。

しかし、室伏高信の発言と同様に憲法施行以降の岩淵が語る内容は、単なる自己顕示になっていたり、前後の言動とつじつまが合わないケースも多かった。近衛に位階勲等を拝辞するよう説得した経緯についても、天皇制に付随したものをすべて壊したかったと説明しているが、貴族趣味の吉田茂からは恨まれたと語りながら、自分は後に勲一等をもらって母校がお祝いするというのを断る理由がないと居直っている。それでも吉田は一九四七年五月、岩淵を貴族院議員に推薦して憲法審議に参加させたが、岩淵の議員時代で残っている話は下駄履きで登院して注意されたり、歳費を月給制にさせたという他愛のないものばかりである。[*286]これも「庶民魂」の岩淵という神話に留まっており、憲法の内容についての言及は、鈴木安蔵が彼のことを熱心な憲法研究会参加者だったが寡黙で、政治機構についての適切な発言をしたという程度の記述を残している。[*287]戦争放棄についても、そういうことは考えなかったと証言しながら、幣原が首相に就任する際、親任式が済んだら陸海軍廃止の閣議決定をやれと言って、幣原を困惑させたことを自慢げに話していた。[*288]

当然、岩淵の言動について揚げ足をとるのがここでの目的ではなく、戦中から戦争直後にかけて、それまでの政治エスタブリッシュメントに対する強烈な批判を展開してきた批評家が、自らが権力中枢のキングメーカー的存在になるや、大きな変貌を遂げる重要例と思われるからである。東久邇内閣が戦中の閣僚で戦後経営を試みたり、幣原内閣が憲法改正に消極的であることを憂いて、憲法研究会のスポンサーを室伏とともに担っていく過程は、戦前の体制を抜本的に変更する気概にあふれていた時期であろう。ただし、皇道派や近衛との近さは、幣原や吉田茂との距離にも影響し、鳩山一郎への接近にもつながった可能性は否めない。[*289]これが高じてくると、室伏と同様に、自分たちの敵と見なした者は「日本をソ連や中共の共産勢力に売り渡す」存在にさえなる。[*290]
さらに岩淵は、戦後学生運動が激化すると、佐藤栄作首相に大学行政の改革を力説し、東京大学と早稲田大学をつぶす提言にまでおよび[*291]、戦前の鳩山一郎文相が京都大学閉鎖を語ったのと大差なくなった。無論、岩淵を追想する論集には、各執筆者の政治的思惑をふくんだ寄稿がなされており、それを割り引いた解釈が不可欠だが、中曽根康弘の岩淵訪問記は興味深い。岩淵は憲法改正の必要がないという態度を示す一方、中曽根も「マッカーサーから案をつきつけられる前に草案を出していたところに意味があり、先見性があった」と「民主共和国憲法」の画期的な点を認めたのである。[*292]

c.「開明右翼」の一貫性——杉森孝次郎

杉森孝次郎は一八八一年に東京府豊多摩郡に生まれ、一九〇六年に早稲田大学文学部哲学科を卒業後、同大学講師に就任し、一九一三年から一九一九年まで独、英、米三国で倫理学を学び、絶対主義的観念論哲学からプラグマティズムの方向へ移っていった。杉森は帰国後、文学部教授となり、一九一九年四月右翼学生団体興国同志会の顧問に就任、同年八月改造同盟にも参加している。[*293] 室伏高信は自分の著書で、杉森のことを「右よりに見られていた」が、「モーラル・エンパイア」で右も左も超越していたと賞賛する。室伏は杉森をかついで、一九四〇年一〇月に軍部批判も意識した日本評論家協会を立ち上げ、会長にすえたが、協会は一九四二年には解散させられ、大日本言論報国会に吸収された。杉森はこれ以外に、民間アカデミーを目指した国民学術協会の発起人にも同じ一九四〇年に名を連ねている。彼はこのような民間の団体に多く関わっており、真面目に出席する点で、憲法研究会におけるもっとも熱心な参加者となる素地があった。また、国民学術協会の講演会のような類でさえ、陸軍からの圧力で中止がかかる事態を経験し続けていた。敗戦直後に憲法研究会発足のきっかけとなった日本文化人連盟設立を企画したのも、室伏と杉森を始めとする日本評論家協会に関わった人々であった。[*294]

杉森は一九四五年一一月五日における憲法研究会の最初の会合から出席し、当初メンバーの高野がNHK会長就任、森戸の社会党における活動で多忙化が進む中でも、一九四六年九月二三日の最後の集まりまで参加を続けた。杉森は留学経験を生かして、占領軍やアメリカ側との折衝にあたり、憲法研究会草案を総司令部へ提出したり、一九四六年三月のGHQ草案をもとにした政府の憲法草案に対する研究会としてのステイトメントを英訳してアメリカ側へ手交する役割を果たした。[*295] 実際の研究会における議論でも、杉森は非常に熱心で発言をリードしていた、と岩淵は憲法調査会で証言している。「天才」肌の室伏が天皇から政治的権限を剥奪すべきと提起したのに対し、言葉に「やかましい」「克明な」杉森がどのような言葉で書くか、ということでイギリス王制における「シンボル」から「象徴」という言葉を考え出したと岩淵は語っている。[*296] また、人権の項目にあった「民主主義並に平和思想に基づく人格完成、社会道徳確立の義務」に、「他国との協同の義務」を追加すべきと主張したのは杉森だったと鈴木は記している。[*297] このように概念規定へのこだわりが強かった杉森が憲法研究会活動までに、どのような思想的遍歴を辿ったのかについて考察することは、当時のアクティヴな日本知識人を知る手がかりとなろう。

ヨーロッパから戻ってきたばかりの杉森は、第一次世界大戦が与えた大きな変化に注目し、「社会の発見」を強調している。そして、イギリスの影響から国家の物理的暴力に頼る時代が終わり、国家より小さい集団の役割に期待する多元的国家論を推奨した。さらに人民本意の国家精神を立憲代議制に見いだし、社会本意の国家精神を国際連盟または国際組合に見いだそうとする。また、社会主義運動が「社会の内的組織の変革を目的とする」のに対して、民族運動は既存制度の信奉者や実現者を若干増殖させるだけと断じた。ただし、「現代低位民族の最弱点は、無創造にある」と決めつける点で、日本が優越民族であるといった後の強弁につながっている。[*298] それでも同時期に書かれた著作は、「道徳的、合理的制度改造としての革命」が言論の自由な発達によって無血でもっとも幸福に実現可能となる趣旨を論じた。[*299] こうした記述は、興国同志会の顧問でありながら、森戸事件が発生すると積極的に学問・表現の自由を擁護した点と呼応する。ところが、一九三〇年代に入ってくると雲行きが怪しくなってきて、社会主義も今までどおりでは政治にならないと決めつけ、「統制」の必要を説き、在郷軍人会、青年団といったものの歴史的・社会的意義を語り始める。一九三七年の著作では、日清・日露戦争は自由の建設・拡大に必要であったと明示し、戦争の社会的存在理由を肯定した。[*300]

太平洋戦争期の杉森は、「後進諸民族」に対する日本語教育の必修化を提起し、「言葉の問題は国力の問題である」として、「挙国的統一」に向け「完全なる同化による一致」を要求した。そして一九四三年には、日本が「大東亜、全枢軸、全世界のため、……最高世界政治」を全うすべく、アングロサクソンの「社会不正」に対する「必然、道義的」宣戦を果たした、と記している。[*301]ところが敗戦後すぐ杉森は、「新日本建設綱領」など、立て続けに提言を書いて一九四七年にまとまった著作として刊行し、その変わり身の早さを示す一方、それまで使用してきた「本質的優秀文化主義」なる言葉を使い続けるなど、読む者にはどこまでが転換で、どこからが連続なのか戸惑いを禁じ得なくさせる。[*302]「挙国一致、結束して、心の底から結束して、断固として日本は今、徹底的平和主義政治日本建設にむかって直進すべき[*303]」などの文言は、そのまま「大東亜共栄圏建設」と置き換えれば戦時中にも使える標語である。この違和感は、日本文化人連盟の会報第一号に杉森と一緒に掲載された山川菊栄の論考が好対照をなし、その本質を明らかにしてくれる。山川は日本人が受けてきた教育が偏ったものであったと指摘し、極端に狭い専門の領域にたてこもった政治家、軍人、学者、芸術家が井の中の蛙に満足していた点で、家事しか知らない女性たちと大差なかったと喝破している。山川は日本的教養に閉じこめられた男女に向け、「科学的芸術的教養と創造力」の育成により初めて暴虐な戦争の罪過を償い、世界文化に寄与することができる、と説いた。[*304] 山川の主旨を杉森が理解したかは、定かではない。

ただし、杉森が戦後の「逆コース」に迎合していく室伏や岩淵と異なるのは、戦争について明確な反省を記している点である。杉森はそれを「日本民族」という集団での「罪障」にしていると同時に、憲法九条を「正しく悔い改」める意志として自覚を促している。[*305] 杉森は幣原内閣が当初示した消極的な憲法案を「悪い意味においての保守性」すなわち反動性の強いものと位置づけ、その同じ内閣が大幅な改造人事もなしに新たな憲法草案審議の責任者となることへ疑義を呈した。日本人は新憲法制定を「長夜の悪夢」からさめる具体的な機会とすべきで、「正しき保守」ならば幸福追求権こそ新憲法草案の第一条にすえる必要を論じる。また、共和制は共産党の「私有物」ではないと、米中両国やドイツを比較に出して、関心を喚起した。[*306] 杉森は第一次世界大戦後の一時期に歯切れの良い議論を展開したのと同じく、第二次世界大戦直後に憲法研究会と関連した積極的な論陣を張った後、再び時評であっても抽象的で曖昧な世界へ戻っていく。[*307] あたかも室伏や岩淵が短期間に突如ラディカルさを発揮して憲法研究会を組織したのと同様に、杉森も憑かれたように覚醒された民主主義と立憲主義の後見人を演じている。少なくとも「正しき保守」として戦前に犯した過ちを悔い改める積極性と研究会への誠実なコミットメントは、研究会の良心的コンセンサスの一端をなしていた。

本節において明らかになったのは、天皇制の存在が憲法研究会メンバーにおいても大きな影響を与え、だからこそ天皇の役割縮小へと全員が足並みを揃えた点である。また、鈴木をのぞき各メンバー間で違いはあったものの、戦前に弾圧されながら自らが権力に近くなると同様のパターナリズムを発揮してしまうという日本独特の傾向も垣間見られた。無論、それぞれの意識には戦前来の反共主義が重要な意味を有した反面、戦前のある時期までは相当ラディカルな主張を展開していた経緯からは想像もできない対応といえよう。これは、欧米諸国においても冷戦の進展で生じた同時並行現象とも解釈可能だが、その変貌ぶり、しかもそれを深刻な転換と位置づけない自省心のなさが日本の知識人には顕著であった。

日本の知識人が欧米思想を折々の流行で導入するのに長けた反面、隣接する地域の人々を軽視する趨勢は、ヨーロッパのように全大陸規模で革命思想・運動が相互に浸透したのと大きく異なる。ただし、イタリアにおいても後発国の西欧コンプレックスの裏返しから、ナショナリズムの変異体としてファシズムが席巻した推移は注目に値する。それでも日本の場合、戦後においてなお「脱亜入欧」的発想が続き、しかも同調圧力が強固に残っていった。この理由として考えられるのは、思想伝播・受容が一方通行かつ上から下へというベクトルが大勢を占めていた事情があげられよう。次項では、政治の文脈から、こうしたメカニズムを分析する。

(3) 民権と平和の間

日本においてなぜ民主主義が根づかないのか、という長年にわたる問いかけは、政治学者にとって難問であり続けている。それが日本の政治文化と一蹴するのを避けるとしても、第二次世界大戦を契機として新憲法が制定され、一大転機が訪れたはずであった。しかし、制度としての立憲主義や議会政治の形成以上に、人民主権を基礎とする積極的政治参加と人権の尊重という戦後デモクラシーの運動がどこまで内在化されているかは怪しい。とくに戦争末期の各国比較を通じて、その原因として指摘されてきたのは、日本における抵抗運動の欠如である。そこで本章は、民主的参加の重要な主体、かつ抵抗の基盤となる可能性のあった労働者と知識人に多くの紙幅を費やした。そこで判明したのは、日本においても一定規模の労働運動と社会・政治批判が存在したことである。むしろ問題として浮き彫りになったのは、政府による弾圧の苛烈さに加えて、組織内・間の党派主義の強さと主体的個人の確立をともなう権利意識の乏しさであろう。

第一の問題に特徴的なのは、憲法研究会メンバーと一般市民の間の乖離であり、高野岩三郎が例外的に多くの人々を架橋する役割を果たしていたが、鈴木、森戸、室伏の場合は、社会民主主義的スタンスを強調していたはずの時代においてさえ、彼らが営んだ日常生活と民衆のそれとの差異は否めなかった。第二の問題となる普遍的人権に対する感覚は、そもそも欠落しがちで、中国の自主独立や植民地下にあった朝鮮半島出身者の尊厳を無視したように、自国民以外への配慮が希薄だった。すなわち、大正デモクラシーを謳歌した人々も、あくまで抽象的な国権に対する民権の意識に限られ、戦争の相手国や植民地下にある住民たちへ平等の権利を認める発想にはつながらなかった。ただし、第一次世界大戦直後の平和な一時期は、国際連盟に代表される軍縮、協調の国際的民主化を国内に投影できるチャンスであったが、満洲事変以降、その可能性も消え去った。また、コンフォーミズムの強い日本では、参加が動員と同義であるかのように捉えられ、動員が顕在化する戦争から距離をおく平和も消極的な意味での解放感に留まった可能性は高い。他方、天皇制と平和主義は戦前においてもバーターとして作用し、体制変革を一切認めない代わりに、国体に忠良な臣民へ城内平和を均霑せしめたともいえる。抵抗する側の国際的連帯が珍しかったのはもちろん、国内左派排除は治安維持法のみならず、保守的労組・農村組織によって徹底された。しかも、抵抗から順応に至る包摂の過程には、戦時における忠誠要求の問題が密接に関わり、敗戦は多くの場合、個人の政治的主体性を喚起しなかった。

奇妙に思えるのは、政府からの弾圧が縮小された戦後になってから、それまで被害を受けていたはずの人々が自ら選んで左派たたきを率先する動向である。戦前・戦中には自身が左派扱いされて抑圧を経験しながら、今度は強制もされず同様な行動を、劣位の相手に対してとるといった屈折した反応をあらわにしている。事実、憲法研究会メンバーの大半がこうした陥穽にはまっているところが問題の深刻さをうかがわせる。たしかに世界的な冷戦状況の激化がこうした事態を生ぜしめたとはいえ、日本における両極分解の根深さは対立する相手を「敵国」のエージェント視する態度さえ頻発させている。これは国際感覚の欠如や主体的個人の未発達とも関わっており、他者を客観的に見て自分の立場も相対化するという経験の不足からきているのかも知れない。だからこそ左右を問わず、小異を残して大同につくといった連帯を実現できぬまま、偏狭な党派主義に囚われてしまうのである。そこには、他者の選択する自由を認めることが、自らの選択の自由を担保することにつながるという発想が欠けている。しかし、逆に見れば、戦後ほどなく不寛

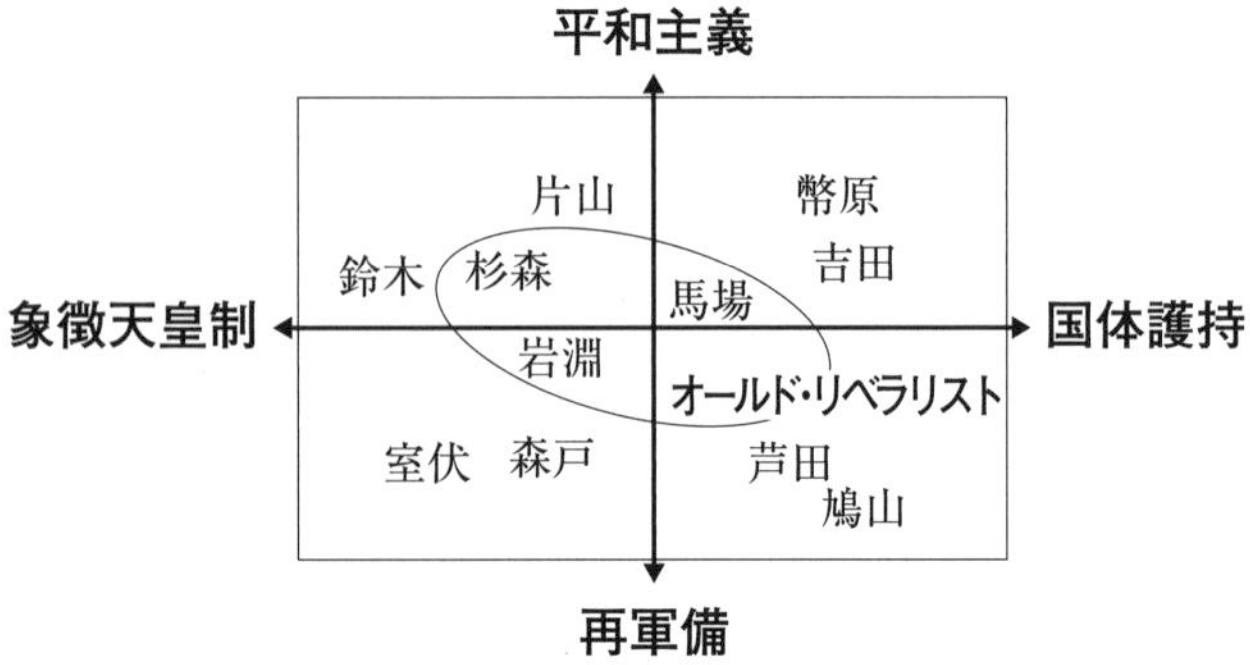

図２　象徴天皇制・平和主義分布図

容な心理に入り込んでしまった人々でさえ、一時は憲法研究会の熟議型民主的共闘に与した例外性が際立ってくる。彼らが憲法草案を作った際には、戦時期の弾圧体験に対する単純な報復感情とは異なる、戦後デモクラシーを創造しようとする気概が見受けられる。ただ、こうした敗戦直後の奇跡的合意形成を刹那視せず、どのような思考配置がその微妙なバランスを成立させたかについて分析してみよう。

ここでは天皇制を左右軸にとり、右に行くほど戦前の天皇主権説に近づき、左へ突き抜ければ共和制にまで到達する（このため高野は図に配置していない）象徴天皇制の徹底が考えられる。当然、左へ行くほど民権のトーンが強まり、右に行くほど国権のトーンが強まることになる。上下軸としては下に行くほど再軍備、自主防衛の方向に至り、上に行くほど平和の理想主義的志向性が強まる。そして、そのほぼ真ん中の楕円が戦前から自由主義者として認知された人々で、馬場、岩淵、杉森をオールド・リベラリストとして配している。同じ憲法研究会メンバーでも、よりラディカルな傾向を有していた鈴木、森戸、室伏の三名はこの楕円の外側に位置している。さらに、戦後歴代首相となっていく幣原、吉田、片山、芦田、鳩山という五名の政治家を両軸に沿って配してみた。この図からうかがわれるのは、戦争直後において未曾有な権力構造の崩壊に直面した政治家たちは、よりアモルフな状態にあったと想像され、それだけに中心部のオールド・リベラリストの凝集性が高かったと思われる。さりながら、政治・社会状況が安定してくると今度は政治家たち（森戸もすでにその頃には政治家となる）の吸引力が強まり、反共主義の復活とともに、むしろ知識人の方が引っ張られるという現象が生じたのではないか。実際、各主体の配置図は時期によって様々な変化が見られるはずだが、とりあえず憲法研究会活動時の大体の配置を示して気づくのは、知識人の方が状況によるブレが大きい点である。ただ、注意すべきなのは憲法研究会メンバーは通常の知識人以上に、現実政治への働きかけを熱心に行ない、配置図の時点でも、鈴木が社共両党の橋渡し、森戸が社会党と中道の提携、室伏が保守をふくめたリベラルの結集を目指したように、時代状況に左右されやすかった。

日本の社会思想・運動における左派排除の強さは、そうした中で戦後デモクラシーに強い意欲を示していた憲法研究会メンバーにも様々な影響をおよぼしていた。逆にだからこそ、オールド・リベラリストが求心力を示したともいえよう。ただし、戦前から影響力をもったオールド・リベラリストの大半が、戦後早くに反共主義へ転じ、多くは天皇制擁護の中核となったのに対し、憲法研究会メンバーは天皇の政治的機能を徹底的に剥奪した点で目立っていた。ゆえに彼らの民間憲法草案の内容自体は、象徴天皇制もふくめ、当時としては左派的性格の強いものと見なされた。そして、リベラルとラディカルの絶妙なバランスをとったのが主唱者の高野岩三郎であり、直接草稿を清書した鈴木安蔵と考えられる。二人はほかのメンバーに比して左派色を強く残していくが、リベラル・中道右派まで巻き込んだ研究会の特徴が占領当局の関心をより喚起したと推測できる。また、草案の民主主義が単なる思弁的な制度設計に限定されなかったのも、運動としてのデモクラシーに戦前から関わってきた各個人が、熟議によりコンセンサスを形成したからであろう。とりわけ馬場、杉森、岩淵が人的つながり重視の伝統に依拠したのに対して、森戸、室伏、鈴木は異なるグループとの接着剤の役割を果たしたのと並行して、知識人のサークルだけに留まらない、新たなネットワーク形成を図ったのである。

興味深いのは、その後の日本における運動としてのデモクラシーが戦争と平和をめぐる問題と密接に結びついた点である。天皇制については明治憲法にまで戻そうとする動きが減速しても、平和イシューの根幹に関わる講和条約、日米安全保障条約をめぐって大きな対立軸が設定された。

これは戦前の段階から、君主制の問題をカッコにくくって棚上げしたバーターに、平和の問題にデモクラシーの余地をかろうじて残していた状況の戦後版ともいえよう。ただし、国権と民権のせめぎ合いという図式は変わらず、個人の普遍的人権概念と必ずしも連動しなかった側面がある。それらが明確に論究されるには、当時見過ごされていた植民地、占領地で虐げられた人々や、内外を問わず逆境にあった異論提唱者、労働者、女性など政治・社会的マイノリティーの存在に対する認識が求められる。本章もそれらの点についての配慮が十分であったか、再検討される必要があろうが、憲法研究会の試みを単なる知識人の孤立した営みとせず、戦後民主主義の流れとして位置づけるべきなのかも知れない。

注記

＊1　無論、イタリアの帝国主義に関しても言及が必要となるが、人種主義の問題も深く関わっており、本書のテーマから離れるところもあって詳述しなかった。この点についての日伊比較は以下の論文で分析している。Ken Ishida, "Racism Compared: Fascist Italy and Ultranationalist Japan," *Journal of Modern Italian Studies*, Vol. 7, No. 3 (2002), 380-391.

＊2　高橋利安「イタリア王国の憲法構造――自由主義期を中心に」『日伊文化研究』第五〇号（二〇一二年）、三、五。Carlo Ghisalberti, *Storia costituzionale d'Italia : 1848-1994*, nuova ed. ampliata (Bari-Roma: Laterza, 2002), p. 375. 鈴木正幸『皇室制度――明治から戦後まで』（岩波新書、一九九三年）、四七頁。

＊3　Marcello Soleri, *Memorie*, prefazione di Luigi Einaudi (Torino: Einaudi, 1949), p. 257.

＊4　以下の著作は、人物比較に力点をおいた議論を展開したが、ムッソリーニの存在が特異すぎて単独で章をたてている。リチャード・J・サミュエルズ『マキァヴェッリの子どもたち』鶴田知佳子、村田久美子訳（東洋経済新報社、二〇〇七年）。

＊5　Paolo Colombo, *La monarchia fascista, 1922-1940* (Bologna: Il Mulino, 2010), p. 21. 高橋利安「中央・地方関係におけるイタリア国家の特徴――現知事制度を中心に」北村暁夫、小谷眞男編『イタリア国民国家の形成――自由主義期の国家と社会』（日本経済評論社、二〇一〇年）、三一一－三三一頁。Denis Mack Smith, *Italy and its Monarchy* (New Haven and London: Yale University Press, 1989), pp. 43, 65.

＊6　Silvio Scaroni, *Con Vittorio Emanuele III* (Roma: Mondadori, 1954), p. 92.

＊7　Charles Petrie, *Monarchy in the Twentieth Century* (London: A. Dakers, 1952), p. 155. Mack Smith, *op. cit.*, pp. 217-218, 220, 228.

*8 *Ibid.*, pp. 24-26, 37, 46, 65.

*9 工藤武重『改訂 明治憲政史』（有斐閣、一九三四年）、三六八、三七〇、三七五頁。坂野潤治『明治憲法史』（ちくま新書、二〇二〇年）、四三、五六頁。Sergio Camerani (a cura di), *Carteggi di Bettino Ricasoli*, vol. XXV (Roma: Istituto storico italiano per l'età moderna e contemporanea, 1971), pp. 519-520.

*10 鈴木、前掲『皇室制度』一四六頁。

*11 同書、三九、七六頁。春畝公追頌會編『伊藤博文伝』（春畝公追頌會、一九四〇年）、六一四－六一五頁。工藤、前掲書、三七四頁。

*12 Christopher Seton-Watson, *Italy from Liberalism to Fascism, 1870-1925* (London: Methuen, 1967), pp. 13, 58, 110, 171. Enrico Caviglia, *Diario (aprile 1925 - marzo 1945)* (Roma: Casini, 1952), p. 18. S. William Halperin, *Italy and the Vatican at War: A Study of Their Relations from the Outbreak of the Franco-Prussian War to the Death of Pius IX* (Chicago: University of Chicago Press, 1939), pp. 465, 468.

*13 Petrie, *op. cit.*, p. 149. サミュエルズ、前掲書、四七、四九－五〇頁。ロザリオ・ロメーオ『カヴールとその時代』柴野均訳（白水社、一九九二年）、一五〇－一五一、一七一、二一八－二一九、二五一、二九三、四九五頁。

*14 鈴木、前掲『皇室制度』三六－三七、五一、六六頁。安田浩『天皇の政治史——睦仁・嘉仁・裕仁の時代』（青木書店、一九九八年）、八七頁。宮内庁編『明治天皇紀 第六』（吉川弘文館、一九七一年）、三三九、四四六、六三一－六三二頁。明治憲法制定に深く関わった井上毅も、プロイセン君主政が人民に密着連携する姿勢を示していたと指摘している。他方、伊藤博文は国会開設後も、内閣は天皇の内閣であって、その大臣は政党の外に超立すべきと超然内閣を主張していた。稲田正次『明治憲法成立史』下巻（有斐閣、一九六二年）、一四一－一四二、四三九頁。

＊15　家永三郎、永井和「「輔弼」をめぐる論争——家永三郎・永井和往復書簡」『立命館文學』第五二一巻（一九九一年）、九七五。

＊16　鈴木、前掲『皇室制度』七六頁。

＊17　シモーナ・コラリーツィ『イタリア20世紀史——熱狂と恐怖と希望の100年』村上信一郎監訳、橋本勝雄訳（名古屋大学出版会、二〇一〇年）、五頁。Seton-Watson, *op. cit.*, p. 189. Atti Parlamentari, Camera dei Deputati, 1912/2/23, p. 17162; 1913/12/3, p. 65.

＊18　Mack Smith, *op. cit.*, pp. 159, 243-244. Soleri, *op. cit.*, pp. 40-41. 原奎一郎『ふだん着の原敬』（中公文庫、二〇一一年）、二二〇－二二六、二三七頁。興味深いのは、一八八七年に伊藤首相兼宮相が板垣退助へ爵位を与えようとして、板垣がそれを固辞した際、板垣の民権主義が無政府主義、社会主義と同じものとして、皇室にとって有害物になると強硬に主張した点である。稲田、前掲書、下巻、四六六－四六七頁。ところが板垣の尾崎行雄に対する態度は、攻守立場を逆転させたところがあり、天皇制をめぐる呪縛がいかに圧倒的なものかを彷彿させる。

＊19　小股憲明「尾崎行雄文相の共和演説事件——明治期不敬事件の事例として」京都大学人文科学研究所『人文學報』第七三号（一九九四年）、二〇二－二〇七、二一二、二一四、二一六、二二一、二二四、二二八－二二九。宮内庁編『明治天皇紀 第九』（吉川弘文館、一九七三年）、五一二－五一三頁。

＊20　Mack Smith, *op. cit.*, pp. 4, 17-18, 49, 156, 160, 166, 182, 195. サミュエルズ、前掲書、二四頁。Herbert Henry Asquith, *Memories and reflections, 1852-1927*, vol. 2 (London: Cassell, 1928), p. 120.

＊21　Mack Smith, *op. cit.*, pp. 147, 158, 270. 藤原彰『昭和天皇の十五年戦争』（青木書店、一九九一年）、三八、四五頁。Colombo, *op. cit.*, p. 47.

＊22　Mack Smith, *op. cit.*, pp. 227-230, 248. Carlo Sforza, *Contemporary Italy: Its intellectual and moral origins*, translated by Drake and Denise De Kay (London: F. Muller, 1946), p. 258. Antonino Répaci, *La marcia su Roma: Mito e realtà*, vol. I (Roma: Canesi, 1963), pp. 512, 521, 589, 593, 595. Colombo, *op. cit.*, p. 17. ファシストと左翼の内戦になることを恐れたのは、社会党改良主義者、カトリック、平穏を望む復員兵たちも共通していた。Umberto Chiaramonte, *Economia e società in provincia di Novara durante il fascismo, 1919-1943*.（以下 Chiaramonte, *Economia*）(Milano: Franco Angeli, 1987), pp. 146-148.

＊23　Colombo, *op. cit.*, p. 55. Enrico Corradini, *Scritti e discorsi, 1901-1914*, a cura di Lucia Strappini (Torino: Einaudi, 1980), pp. 75-80, 167.

＊24　鈴木、前掲『皇室制度』一〇二、一八六頁。安田、前掲書、一五、二四三、二四五頁。

＊25　本庄繁『本庄日記』（原書房、一九六七年）、二〇四、二七二頁。

＊26　Luigi Pelloux, *Quelques souvenirs de ma vie*, a cura e con introduzione di Gastone Manacorda (Roma: Istituto per la storia del Risorgimento italiano, 1967), p. lxxviii. コラリーツィ、前掲書、五一頁。

＊27　同書、五頁。Alessandro Guiccioli, *Diario di un conservatore* (Milano: Edizioni del Borghese, 1973), p. 278.

＊28　Soleri, *op. cit.*, p. 209.

＊29　Répaci, *op. cit.*, vol. II, p. 389. Mack Smith, *op. cit.*, pp. 245, 253, 269.

＊30　Colombo, *op. cit.*, pp. 43, 51-52, 60, 64, 66. Ghisalberti, *op. cit.*, p. 361. Giuseppe Bottai, *Diario, 1935-1944*, a cura di Giordano Bruno Guerri (Milano: Rizzoli, 1983), p. 122. 同時代の憲法学者によれば、政府主席は国王と閣僚の仲介者としての権威を有し、イタリア憲法秩序において中心的機関の役割を果たし、政府の管轄権集中を体現した存在であった。Emilio Crosa, *Diritto costituzionale* (Torino: Unione Tipografico-Editrice Trinese, 1937), p. 432. 一九三七年刊のこの本が学術書ということもあり、人格的存在としての君主への言及は少ない。政府主席についても卓越した国家機関としての性格が強調されており、天皇機関説の主席版の様相を呈している。

＊31　Luigi Federzoni, *Italia di ieri: Per la storia di domani* (Milano: Mondadori, 1967), p. 175.

＊32　Colombo, *op. cit.*, pp. 57. Ghisalberti, *op. cit.*, p. 371.

＊33　鈴木、前掲『皇室制度』一五八頁。

＊34　原田熊雄『西園寺公と政局』第二巻（岩波書店、一九五〇年）、二二六頁。木戸幸一、木戸日記研究会校訂『木戸幸一日記』上巻（東京大学出版会、一九六六年）、一四二頁。

＊35　同書、一〇一頁。山田朗『大元帥・昭和天皇』（新日本出版社、一九九四年）、四八、七三頁。原田、前掲書、第六巻、一四〇、二〇二頁。

＊36　藤原、前掲書、九〇頁。

＊37　山田、前掲書、二六九、三〇四頁。

＊38　Colombo, *op. cit.*, pp. 32-33, 36, 67.

＊39　*Ibid.*, pp. 31, 61, 77-78, 84. Giuseppe Bottai, *Vent'anni e un giorno* (Milano: Gaezanti, 1977), p. 115. 一九三九年に一連の議会攻撃、君主制破壊が進行し、「国王の政府」は新しく空虚な法的形式に取って代わり「ファシストの政府」へと移行した。Francesco Perfetti, *La camera dei fasci e delle corporazioni* (Roma: Bonacci, 1991), pp. 210-212.

＊40　鈴木、前掲『皇室制度』一八六頁。『国体の本義』（文部省、一九三七年）、九、三四、一四九－一五〇頁。

＊41　簿冊標題：公文類聚・第六十一編・昭和十二年・第八巻・官職六・官制六 https://www.digital.archives.go.jp/img/1650894。大江志乃夫『御前会議――昭和天皇十五回の聖断』（中公新書、一九九一年）、一九九－二〇〇頁。

＊42　杉山元『杉山メモ』上（原書房、一九六七年）、二三一、五四四頁。藤原彰、粟屋憲太郎、吉田裕、山田朗『徹底検証・昭和天皇「独白録」』（大月書店、一九九一年）、二六、一〇七頁。細川護貞『細川日記』上（中公文庫、一九七九年）、一二六頁。

＊43 藤原、前掲書、一二二頁。

＊44 MacGregor Knox, *Mussolini Unleashed 1939-1941: Politics and Strategy in Fascist Italy's Last War* (Cambridge: Cambridge University Press, 1982), pp. 43, 55, 65, 105. ムッソリーニでさえ一九四〇年三月三一日の国王、外相、各参謀長に対する秘密覚書では、ほとんどの戦線で攻勢をかけられないと認めており、ドイツ軍の勝利が明白になるまで慎重な姿勢は続けられた。Ministero degli Affari Esteri, Commissione per la pubblicazione dei documenti diplomatici, *I documenti diplomatici italiani*, 9 ser. (1939-1943), vol. III (Roma: Libreria dello Stato, 1959), pp. 576-579. 結局ムッソリーニにとって、戦争を開始した後の三年間は、望んでいた最高指揮権が日増しに重圧となっていく毎日であった。Paolo Monelli, *Mussolini piccolo borghese* (Milano: Garzanti, 1966), p. 216.

＊45 Soleri, *op. cit.*, p. 211. Galeazzo Ciano, *Diario 1937-1943*, a cura di Renzo De Felice (Milano: Rizzoli, 1980), pp. 438-440. 国王はムッソリーニが帝国首席元帥として君主と対等な地位に就こうとした際には、蒼白となって怒り署名を拒否したが、結局そうした反応が落ち着くと待機主義に立ち戻っている。Benito Mussolini, *Opera omnia di Benito Mussolini*, XXXIV, a cura di Edoardo e Dulio Susmel (Firenze: Fenice, 1961), p. 414.

＊46 Knox, *op. cit.*, pp. 188, 197. Mack Smith, *op. cit.*, p. 293. Scaroni, *op. cit.*, p. 134. Soleri, *op. cit.*, p. 233.

＊47 Knox, *op. cit.*, p. 84. Pietro Badoglio, *L'Italia nella seconda guerra mondiale: Memorie e documenti* (Milano: Mondadori, 1945), p. 72. Giuseppe Bastianini, *Uomini, cose, fatti: Memorie di un ambasciatore* (Milano: Vitagliano, 1959), pp. 201-202. コラリーツィ、前掲書、二一四頁。Raffaele Guariglia, *Ricordi, 1922-1946* (Napoli: Edizioni Scientifiche Italiane, 1949), pp. 688-689.

＊48 Alberto Pirelli, *Taccuini, 1922/1943* (Bologna: Il Mulino, 1984), p. 402.

＊49 Caviglia, *op. cit.*, p. 345.

＊50 寺崎英成、マリコ・テラサキ・ミラー『昭和天皇独白録』(文春文庫、一九九五年)、一六〇頁。

＊51　粟屋憲太郎編『敗戦直後の政治と社会①（資料日本現代史２）』（大月書店、一九八〇年）、三三四－三三七頁。

＊52　大江、前掲書、二二四頁。藤原ほか、前掲書、六七頁。藤原、前掲書、一一五－一一七頁。杉山、前掲書、下、二二一－二二三頁。

＊53　細川、前掲書、上、一七二、二二九－二三〇頁、下、三六七頁。

＊54　木戸日記研究会編『木戸幸一関係文書』（東京大学出版会、一九六六年）、四九八頁。

＊55　同書、四九五－四九八頁。

＊56　Soleri, *op. cit.*, p. 255. Attilio Tamaro, *Due anni di storia, 1943-45*, vol. 1（Roma: Tosi, 1948）, p. 309.

＊57　コラリーツィ、前掲書、二三〇頁。

＊58　Paolo Puntoni, *Parla Vittorio Emanuele III*（Bologna: Il Mulino, 1993）, p. 59. Mack Smith, *op. cit.*, p. 240. この国王の女性参政権についての豹変ぶりは、以下の著作で分析した共産党指導者たちの対応と好対照をなしている。石田憲『戦後憲法を作った人々――日本とイタリアにおけるラディカルな民主主義』（有志舎、二〇一九年）、一一六頁。

＊59　コラリーツィ、前掲書、二三七頁。*Foreign Relations of the United States: Diplomatic Papers 1944; Vol. III: The British Commonwealth and Europe*（Washington: Government Printing Office, 1965）, p. 1098.

＊60　Caviglia, *op. cit.*, p. 553. コラリーツィ、前掲書、二四五頁。

＊61　石田憲『敗戦から憲法へ――日独伊　憲法制定の比較政治史』（岩波書店、二〇〇九年）、一七－一八頁。

＊62　Hubertus Bergwitz, *Una libera repubblica nell'Ossola partigiana*（Milano: Feltrinelli, 1979）, pp. 98, 125-130. コラリーツィ、前掲書、二四四－二四五頁。

＊63　石田、前掲『敗戦から憲法へ』七〇－七一頁。Michele Beltrani, *Il governo dell'Ossola partigiana*, con una testimonianza inedita di Umberto Terracini（Roma: Sapere 2000, 1994）, pp. 39-41. Giorgio Bocca, *Una repubblica partigiana: Ossola 10 settembre - 23 ottobre 1944*（Milano: Il Saggiatore, c1964, 2005）, pp. 55-59. スイスへ逃れた社会党員たちは、一九三二年という早い段階からファシズム後のプログラムを議論していた。Archivio Centrale dello Stato, Roma, Ministero dell'Interno 1814-1986, Direzione Generale, Pubblica Sicurezza, Divisione polizia politica, Fascicoli per materia, B. 54, F. 3, Lugano 1932/11/18. これに対して、内務省文書によると、一九三八年の段階でドイツから二五〇人のゲシュタポ監督官が招かれ、イタリアの秘密警察再編が試みられている。*Ibid.*, F. 2, Zurigo 1938/11/23.

＊64　ファシズム研究の大家としてムッソリーニ伝を執筆していたレンツォ・デ・フェリーチェが、晩年にパルチザン戦争を内戦視したことは、イタリア社会へ深刻な影響をもたらした。Renzo De Felice, *Rosso e nero*, a cura di Pasquale Chessa（Milano: Baldini & Castoldi, 1995）.

＊65　Aristide Marchetti, *Ribelle: Nell'Ossola insorta con Beltrami e Di Dio (novembre 1943 - decembre 1944)*, riedizione critica a cura di Marino Viganò（Milano: Hoepli, 2008）, p. 8.

＊66　Ettore Tibaldi, "La Repubblica dell'Ossola: Cosa è stata e cosa doveva essere," in *La Repubblica dell'Ossola Settembre-Ottobre 1944*, a cura di Filippo Frassati（Domodossola: Ambiente Edizioni, 1984）, p. 4.

＊67　Marchetti, *op. cit.*, pp. 5, 7.

＊68　Bocca, *Una repubblica partigiana*, pp. 88-91. Cesare Bermani, *"Filopanti": Anarchico, ferroviere, comunista, partigiano*, prefazione di Sandro Portelli（Roma: Odradek, 2010）, p. 107. Bergwitz, *op. cit.*, pp. 134-137.

＊69　Marzio Zanantoni, *Albe Steiner: Cambiare il libro per cambiare il mondo. Dalla Repubblica dell'Ossola alle Edizioni Feltrinelli*（Edizioni Unicopli, 2013）, p. 62. Bergwitz, *op. cit.*, pp. 52-54. Bocca, *Una repubblica partigiana*, p. 49.

＊70　Bergwitz, *op. cit.*, pp. 109-110.

＊71　Bocca, *Una repubblica partigiana*, p. 47.

＊72　Mario Giarda, *La Resistenza nel Cusio Verbano Ossola*（Milano: Vangelista Editore, 1975）, p. 145.

＊73　Istituto nazionale per la storia del movimento di liberazione in Italia, Milano（以下 INSMLI）, Fondo Tibaldi, B12, F62, Ritagli stampa, *Gazetta del Popolo*, 1974/10/3.

＊74　Beltrami, *op. cit.*, pp. 45-46. Bocca, *Una repubblica partigiana*, pp. 64-65. 国民解放委員会は、オッソラとは微妙な関係にあったが、不安定なボノーミ政府と距離をおきつつ、連合軍から占領に代わる地域自治を認めさせてもいた。Olivier Wieviorka, *The Resistance in Western Europe 1940-1945*,（New York: Columbia University Press, 2019）, pp. 378-379.

＊75　Beltrami, *op. cit.*, pp. 23, 26-27. Umberto Chiaramonte, *Industrializzazione e movimento operaio in Val d'Ossola. Dall'unità alla prima guerra mondiale*（以下 Chiaramonte, *Industrializzazione*）（Milano: Franco Angeli, 1985）, pp. 15-17.

＊76　*Ibid.*, pp. 22-24, 52. Beltrami, *op. cit.*, pp. 25-26.

＊77　Chiaramonte, *Industrializzazione*, pp. 418-419, 430, 452.

＊78　*Ibid.*, pp. 430-440.

＊79　*Ibid.*, pp. 467-468, 483-484, 487.

＊80　*Ibid.*, p. 52. Beltrami, *op. cit.*, pp. 27-29.

＊81　Chiaramonte, *Industrializzazione*, pp. 23, 509. Zanantoni, *op. cit.*, pp. 64-65. Bocca, *Una repubblica partigiana*, p. 109. Giarda, *op. cit.*, p. 158.

＊82　Bocca, *Una repubblica partigiana*, pp. 12, 24. Beltrami, *op. cit.*, p. 31.

＊83　Bocca, *Una repubblica partigiana*, pp. 23, 65. Bergwitz, *op. cit.*, p. 136.

＊84　Leonardo Malatesta, *Il Comandante Dionigi Superti: La Divisione Partigiana Valdossola e la Guerra di Liberazione tra l'Ossola e il Ticino*（Varese: Macchione, 2019）, p. 82.

＊85　*Ibid*., pp. 38, 51-53. Bocca, *Una repubblica partigiana*, p. 32. 一九四三年末にファシストの徴兵に応じたのは半数だったが、一九四四年初頭に三分の一にまで下落した。一九四四年二月にファシスト当局は応召を拒否した者に死刑を科すとしたが、ドイツへ移送されることを恐れた人々は、六月にはほとんど命令に従わなくなる。 Tom Behan, *The Italian Resistance: Fascists, Guerrillas and the Allies*, (New York: Pluto Press, 2009), p. 54.

＊86　Zanantoni, *op. cit*., pp. 54-55. Bocca, *Una repubblica partigiana*, pp. 14, 29. Giarda, *op. cit*., p. 76. Marchetti, *op. cit*., p. 17. Seferino Cristofoli, "L'industria ossolana durante la resistenza," in Frassati, *op. cit*., pp. 85-86.

＊87　Bocca, *Una repubblica partigiana*, pp. 29-31.

＊88　Bergwitz, *op. cit*., p.54. Malatesta, *op. cit*., p. 146.

＊89　Marchetti, *op. cit*., p. 13. Bergiwitz, *op. cit*., p. 27.

＊90　Bocca, *Una repubblica partigiana*, pp. 128-129. Bergiwitz, *op. cit*., pp. 146-147.

＊91　Giorgio Bocca, *Storia dell'Italia partigiana, settembre 1943-maggio 1945* (Milano: Feltrinelli, 2012), p. 435.

＊92　Bocca, *Una repubblica partigiana*, p. 105.

＊93　*Ibid*., p. 106.

＊94　*Ibid*., p. 107. Beltrami, op. cit., pp. 76-77.

＊95　INSMLI, Fondo Tibaldi, B2, F13, Commissariato per l'istruzione e l'assistenza, Direzione Didattica di Domodossola, Circolare N. 4 bis (1944/9/17); Direzione Didattica di Domodossola, N. 632=22 (1944/9/19); Direzione Didattica di Domodossola, N. 715 (1944/10/9).

＊96　*Ibid*., B2, F13, Commissariato per l'istruzione e l'assistenza, Comitato di Liberazione Nazionale, Giunta Provvisoria di Governo della Zona Liberata, Ai Dirigenti e agli Insegnanti delle Scuole di ogni ordine e grado (s. d.).

＊97　Bocca, *Una repubblica partigiana*, pp. 107-108. Behan, *op. cit*., p. 184. Giarda, *op. cit*., p. 158. ボンファンティーニは若

い頃、ジェノヴァで作家エリオ・ヴィットリーニ（Elio Vittolini）たちと「非ファシスト的」新聞に携わり、反ファシズム行動へと向かっていった。Chiaramonte, *Economia*, p. 449.

＊98 Bermani, *op. cit.*, p. 22.

＊99 Bocca, *Una repubblica partigiana*, p. 62.

＊100 INSMLI, Fondo Tibaldi, B1, F3, Delibere, Provvedimenti Amministrativi（1944/9/14?）. Bocca, *Una repubblica partigiana*, p. 62.

＊101 INSMLI, Fondo Tibaldi, B1, F10, Carteggio con il Clnai e la Delegazione di Lugano, Lugano, 1944/10/2; 1944/10/4.

＊102 *Ibid.*, B1, F10, Carteggio con il Clnai e la Delegazione di Lugano, Winikon, 1944/10/2.

＊103 Tibaldi, *op. cit.*, p. 6.

＊104 INSMLI, Fondo Tibaldi, B12, F61, Condoglianze e commemorazioni, Senato della Repubblica, V Legislatura 25a seduta, Resconto sommario da Di Prisco（1968/10/2）. *Ibid.*, B12, F62, Ritagli stampa, *Patria*, 1968/10/13; *La Stampa*, 1968/9/26.

＊105 *Ibid.*, B12, F62, Ritagli stampa, *Il Tempo*, 1970/2/17.

＊106 Bocca, *Una repubblica partigiana*, p. 57.

＊107 調整者としてのムッソリーニ像については以下の著書が詳しい。石田憲『地中海新ローマ帝国への道――ファシスト・イタリアの対外政策 一九三五－三九』東京大学出版会、一九九四年。

＊108 INSMLI, Fondo Tibaldi, B1, F3, Delibere, Provvedimenti di Polizia（1944/9/14?）. *Ibid.*, B1, F4, Circolari, Comitato di Liberazione Nazionale, Giunta Provvisoria di Governo（GPG）della Zona Liberata, Presidenza, Domodossola（1944/9/30）. *Ibid.*, B1, F11, Carteggio con il Comando unico e le formazioni militari, Alla Presidenza della Giunta Provvisoria di Governo, Rapporto sull'andamento del servizio ai posti di frontiera di Iselle e di Ponte Ribellesca（1944/10/6）.

＊109 Malatesta, *op. cit.*, pp. 133-135, 153-163.

*110 Bermani, *op. cit.*, p. 83. Bocca, *Una repubblica partigiana*, pp. 58-59.

*111 INSMLI, Fondo Tibaldi, B7, F41, Corrispondenza di Tibaldi in Svizzera, 1944/9/6.

*112 *Ibid.*, B1, F1, Verbali delle sedute, 1944/9/20; 1944/9/22; 1944/9/25.

*113 Bocca, *Una repubblica partigiana*, pp. 123, 136. INSMLI, Fondo Tibaldi, B7, F41, Corrispondenza di Tibaldi in Svizzera, 1944/11/5; 1944/12/29. Beltrami, *op. cit.*, pp. 119-121.

*114 https://www.anpi.it/donne-e-uomini/1723/ezio-vigorelli. Bocca, *Una repubblica partigiana*, pp. 28, 66-69.

*115 *Ibid.*, pp. 70-71, 73. Beltrami, *op. cit.*, p. 71. Antonella Braga, *Gisella Floreanini* (Milano: Edizioni Unicopli, 2015), p. 27.

*116 Bocca, *Una repubblica partigiana*, p. 73. Beltrami, *op. cit.*, p. 72.

*117 Bocca, *Una repubblica partigiana*, pp. 70, 134. Beltrami, *op. cit.*, p. 16. Bermani, *op. cit.*, pp. 104-106. Luigi Pellanda, *L'Ossola nella tempesta dal settembre 1939 alla Liberazione*, V ed. (Domodossola: Grossi, 2002), pp. 90-94. 一九四四年八－一〇月の期間、ヴェネツィア北部の山岳地帯にパルチザンが築いたカルニア共和国は、死刑を廃止し、裁判費用を無料としていた。Behan, *op. cit.*, p. 180.

*118 Beltrami, *op. cit.*, p. 16.

*119 Pellanda, *op. cit.*, p. 93. Bermani, *op. cit.*, p. 104. Sisto Bighiani, "La veste della mia prima messa tutta imbrattata di sangue," in *Il prezzo di una capra marcia: Testimonianze dalla repubblica dell'Ossola*, Paolo Bologna (Domodossola: Grossi, c1969, 2016), pp. 138-140.

*120 Braga, *op. cit.*, pp. 17-18, 22, 24, 27. INSMLI, Fondo Tibaldi, B1, F9, Carteggio con i Cln locali, "I Gruppi di difesa delle donne", 1944/10/7. 一九四三年におけるトリノで女性たちが起こした行動は、戦争とそれにともなう困窮についての訴えであった。国際女性デーにおいてもストを敢行、数百人がトリノの主要広場で反戦を呼びかける。Behan, *op. cit.*, p. 164.

＊121 Gisella Floreanini, "Un ricordo e un augurio," in Bologna *op. cit.*, pp. 229-230. Braga, *op. cit.*, p. 28.

＊122 *Ibid.*, p. 29. Bocca, *Una repubblica partigiana*, pp. 76-77. Floreanini, *op. cit.*, p. 232.

＊123 *Ibid.*, p. 230. Braga, *op. cit.*, pp. 29-30, 36. Beltrami, *op. cit.*, p. 88. Bermani, *op. cit.*, p. 93.

＊124 Braga, *op. cit.*, pp. 26, 34-39, 43.

＊125 Malatesta, *op. cit.*, pp. 57-58. Giarda, *op. cit.*, pp. 51-52, 54-55. Zanantoni, *op. cit.*, pp. 56, 63-64. Bocca, *Una repubblica partigiana*, pp. 20, 43-44.

＊126 Giarda, *op. cit.*, p. 55.

＊127 Bocca, *Una repubblica partigiana*, p. 21.

＊128 Giarda, *op. cit.*, pp. 52-53, 57, 137. Bocca, *Una repubblica partigiana*, pp. 18-19.

＊129 *Ibid.*, p. 19. Bermani, *op. cit.*, p. 107. Giarda, *op. cit.*, p. 138. INSMLI, Fondo Tibaldi, B1, F11, Carteggio con il Comando unico e le formazioni militari, Al Comitato di Liberazione Nazionale di Domodossola. Alla Commissione di Epurzione. Alla Giunta Esecutiva di Governo. Al Comandante della Divisione Val Toce. Per Visione al CLNAI, Domodossola 1944/10/7.

＊130 Bocca, *Una repubblica partigiana*, pp. 113, 116. Malatesta, *op. cit.*, pp. 133-135, 156, 160, 163.

＊131 Bocca, *Una repubblica partigiana*, pp. 22, 72, 99. Zanantoni, *op. cit.*, p. 56. https://www.anpi.it/donne-e-uomini/1854/dionigi-superti.

＊132 Stefano Caretti, "La sua vita," in *Ricordo di Cino Moscatelli*, AA.VV.（Borgosesia: Istituto per la Storia della Resistenza in Provincia di Vercelli, 1982）, pp. 1-3, 5. モスカテッリは釈放期間中にビジネスに身を投じたことから、地域の共産党員から懐疑的に見られる。抵抗運動が始まると積極的に参加したが、当初彼に先見性を啓発した党からは距離をおいた。Behan, *op. cit.*, p. 75.

＊133 Enzo Barbano, "Storia di un rivoluzionario," in *Ricordo di Cino Moscatelli*, p. 13. Bocca, *Una repubblica partigiana*, p. 48.

＊134 Fondazione Istituto Gramsci, Roma, Brigate Garibaldi, Sez. VII, Cart. 1, F24, Nell'Ossola e in Valsesia coi Garibaldini di Moscatelli, a cura del combattente, Ottobre 1944, 06780, La Leggenda di Moscatelli.

＊135 Giarda, *op. cit.*, pp. 55, 73-74.

＊136 *Ibid.*, pp. 75-77.

＊137 *Ibid.*, pp. 74, 79. 戦後になってもファシストと警察官僚の結びつきは強く、モスカテッリは一九四六年初めから尾行されていた。Behan, *op. cit.*, p. 116.

＊138 Gian Luigi Testa, "Moscatelli, uomo politico valsesiano," in *Ricordo di Cino Moscatelli*, pp. 19, 26-32.

＊139 Arrigo Boldrini, "Cosi lo ricordammo a Borgosesia il 3 novembre 1981," in *Ibid.*, p. 48. Caretti, *op. cit.*, p. 6. Barbano, *op. cit.*, p. 16.

＊140 Filippo Frassati, "Introduzione alla seconda edizione," in Frassati, *op. cit.*, pp. XV-XVI.

＊141 *Ibid.*, pp. XVI-XVIII. Beltrami, *op. cit.*, p. 99. Bergiwitz, *op. cit.*, p. 142.

＊142 Beltrami, *op. cit.*, pp. 98-101.

＊143 Bergiwitz, *op. cit.*, pp. 151-152.

＊144 Mario Rodoni, "Dynamit am Simplon," in Bologna *op. cit.*, pp. 224-225.

＊145 INSMLI, Fondo Tibaldi, B12, F62, Ritagli stampa, *Resistenza Unita*, Agosto 1969, Anno 1, N. 7.

＊146 石田、前掲『戦後憲法を作った人々』六〇－六三頁。同、前掲『敗戦から憲法へ』一一四－一一五頁。

＊147 原秀成『日本国憲法制定の系譜 Ⅲ――戦後日本で』（日本評論社、二〇〇六年）、六九一、六九六－六九八、七一三、八七四－八七六頁。高野岩三郎については、以下の著作で詳しく論じている。この著書は憲法制定につながる諸事情を広く分析したため、本章では民権と平和に現われた民主主義をめぐる問題に焦点を絞る。石田、前掲『戦後憲法を作った人々』三〇－七四頁。

*148 松本三之介『天皇制国家と政治思想』（未來社、一九六九年）、二六四、二七五、二七九、二八七、二九九、三〇二頁。
*149 多田道太郎「日本の自由主義」多田道太郎編『現代日本思想体系18 自由主義』（筑摩書房、一九六五年）、三五頁。石田、前掲『戦後憲法を作った人々』四六頁。
*150 信夫清三郎『大正デモクラシー史』（日本評論社、一九五四年）、三五一、三六五、四四七頁。松沢弘陽『日本社会主義の思想』（筑摩書房、一九七三年）、一三〇、一三一、一三四、一三六、一三八頁。
*151 松尾尊兊『わが近代日本人物誌』（岩波書店、二〇一〇年）、四-五頁。片山潜『わが回想』下（徳間書店、一九六七年）、三六頁。
*152 同書、下、三八頁。
*153 同書、下、四一、四七頁。片山哲『安部磯雄伝』（毎日新聞社、一九五八年）、一〇六頁。
*154 信夫、前掲書、一二六頁。
*155 西田長寿「平民新聞とその時代 非戦論を中心として」『文学』第二一巻第一〇号（一九五三年）、九七四-九七五。荒畑寒村『日本社会主義運動史』（毎日新聞社、一九四八年）、五八頁。片山潜、前掲書、下、四五-四六頁。
*156 西田、前掲論文、九七九。
*157 信夫、前掲書、一四四-一四五、一五五-一五八頁。
*158 同書、一五九-一六〇、一六五、一七一頁。隅谷三喜男『日本社会思想の座標軸』（東京大学出版会、一九八三年）、八二-八五頁。
*159 松沢、前掲書、一五一-一五二頁。
*160 平野義太郎『反戦運動の人々』（青木文庫、一九五五年）、八六、一四九-一五〇頁。

＊161 信夫、前掲書、一九七、二〇九、二六八頁。尾崎行雄は、一九四二年一二月に天皇の徳を批判したとして不敬罪に問われ、八カ月の懲役、執行猶予一年の一審判決を受けるが、一九四四年六月の大審院では無罪となる。清沢洌ほか『昭和戦争文学全集 14 暗黒日記』（集英社、一九六五年）、八、七九頁。

＊162 坂野潤治『大正政変——一九〇〇年体制の崩壊』（ミネルヴァ書房、一九八二年）、一三七−一三八頁。

＊163 持田恵三『近代日本の知識人と農民』（家の光協会、一九九七年）、一三七頁。松本賢治、鈴木博雄『原典近代教育史』（福村書店、一九六二年）、一三五、一七三、一七〇頁。隅谷三喜男『日本労働運動史』（有信堂、一九六六年）、一九五頁。信夫、前掲書、四〇四−四〇五頁。鈴木裕子「戦争と女性——女性の「戦争協力」を考える」鹿野政直、由井正臣編『近代日本の統合と抵抗 4 一九三一年から一九四五年まで』（日本評論社、一九八二年）、一七四頁。

＊164 持田、前掲書、一三二、一四〇頁。宮田節子「天皇制教育と皇民化政策」浅田喬二編『近代日本の軌跡 10「帝国」日本とアジア』（吉川弘文館、一九九四年）、一五三−一五五頁。

＊165 渡辺治『渡辺治著作集 第2巻 明治憲法下の治安法制と市民の自由』（旬報社、二〇二一年）、一七三−一七五、一七九、一八八、一九一頁。

＊166 同書、一四八、一六三、一六五頁。

＊167 住谷悦治、高桑末秀、小倉襄二『日本学生社会運動史』（同志社大学出版部、一九五三年）、一〇六、一〇八、一一〇頁。

＊168 同書、一二六−一二七頁。

＊169 同書、一二四−一二六、一三九頁。

＊170 鈴木安蔵「学連事件——精神史的回想1」『現代と思想』第三五巻（一九七九年）、一二六−一二七。

＊171 住谷、高桑、小倉、前掲書、一三九頁。

＊172　渡辺、前掲『渡辺治著作集 第2巻』一六一、一七五－一七六、一九二頁。

＊173　吉野作造「青年将校の観たる西伯利出征軍の実状」『中央公論』一九二二年五月号、一三七－一三八、一四一－一四三。

＊174　関口泰『時局政治学』（中央公論社、一九三六年）、二六八－二七〇頁。

＊175　原田、前掲書、第二巻、八八、四一七頁。

＊176　隅谷、前掲『日本労働運動史』一六九頁。

＊177　中野正剛、室伏高信、松岡駒吉、杉森孝次郎ほか「夏季特別企画 東洋経済新報 昭和七年三月二十六日号「ファシズム批判」座談会」『経済倶楽部講演録』七九九号（二〇一五年）、一一七。

＊178　農民運動史研究会『日本農民運動史』（東洋経済新報社、一九六一年）、三五六、三六八、三七八、三九〇－三九一頁。清水慎三『戦後革新勢力——史的過程の分析』（青木書店、一九六六年）、一四七頁。隅谷、前掲『日本社会思想の座標軸』一〇五頁。江口圭一『昭和の歴史 第4巻 十五年戦争の開幕』（小学館、一九八八年）、二二六－二二七、一七六－一七七頁。

＊179　住谷、高桑、小倉、前掲書、一七四頁。多田、前掲書、二九－三〇頁。

＊180　同書、三一頁。

＊181　住谷、高桑、小倉、前掲書、一七四、一七七頁。

＊182　戒能通孝『暴力——日本社会のファッシズム機構』（日本評論社、一九五〇年）、二六七頁。

＊183　清沢ほか、前掲書、八一頁。

＊184　隅谷、前掲『日本労働運動史』一七八、一八五－一八六頁。斎藤隆夫は平和の問題で注目されたが、女性・普通選挙権を煽動政治家の跋扈を招くとして否定したこともあった。信夫、前掲書、二四五頁。

＊185　石田憲『日独伊三国同盟の起源——イタリア・日本から見た枢軸外交』（講談社選書メチエ、二〇一三

年）、三五－五四頁。

＊186 矢部貞治編著『近衛文麿』上巻（弘文堂、一九五二年）、二九四頁。

＊187 石射猪太郎『石射猪太郎日記』伊藤隆、劉傑編（中央公論社、一九九三年）、一八五、一八八頁。

＊188 石田、前掲『日独伊三国同盟の起源』一一七頁。原田、前掲書、第五巻、一三五、一九三頁。

＊189 宮田、前掲書、一五六－一五七、一五九－一六〇、一六九－一七〇頁。御手洗辰雄編纂『南次郎』（南次郎伝記刊行会、一九五七年）、四三四頁。御手洗辰雄『南総督の朝鮮統治』（京城日報社、一九四二年）、四、三五、四五－四六、四八頁。

＊190 趙景達『植民地朝鮮と日本』（岩波新書、二〇一三年）、二三二－二三三頁。広島大学文書館森戸辰男関係文書、朝鮮学校関係、00424、MO02010902201、「総司令部スポークスマン在日朝鮮人の身分及び待遇を明らかにする」。同、00421、MO02010902000、「神戸朝鮮人問題」に関するメモ書。

＊191 清沢ほか、前掲書、九二頁。

＊192 鈴木安蔵『憲法制定前後――新憲法をめぐる激動期の記録』（青木書店、一九七七年）、一四五頁。

＊193 マーク・ゲイン『ニッポン日記』上、井本威夫訳（筑摩書房、一九五一年）、一四一－一四四頁。

＊194 斉藤一郎『斉藤一郎著作集 第三巻 戦後日本労働運動史（上）』（あかね図書、二〇〇五年）、二〇－二一、三一－三二、四四－四五、五一－五二頁。治安維持法を撤廃すると共産党が野放しになり、治安が悪化するというのが、その当時の内閣の認識であったとされるが、そもそも共産党員があふれかえっているわけでもない状況で、なお共産主義者とされる人々を恐れる心理が支配していたと考えられる。伊藤之雄『東久邇宮の太平洋戦争と戦後――陸軍大将・首相の虚実 一九三三～九〇年』（ミネルヴァ書房、二〇二一年）、二五八頁。

＊195 斉藤、前掲書、二二三－二二四、四八－五二頁。長谷川浩『二・一スト前後と日本共産党』（三一書房、一九

七六年)、八三頁。細谷松太『戦後労働運動の歴史と人物』(日刊労働通信社、一九七二年)、三二頁。
＊196 斉藤、前掲書、七〇頁。
＊197 長谷川、前掲書、一〇八、一一〇‐一一一頁。
＊198 同書、一〇七‐一〇九頁。斉藤、前掲書、七〇頁。
＊199 農民運動史研究会、前掲書、四二一‐四二二、四七二、四七五頁。第二章で論じたオッソラ地域の場合、山岳地ということもあり、最大規模の地主でも一五ヘクタールの牧草地と五ヘクタールの耕作地を所有する程度であった。Chiaramonte, *Economia*, p. 163.
＊200 農民運動史研究会、前掲書、四七九‐四八一頁。
＊201 斉藤、前掲書、五三、五五、七二頁。清水、前掲書、一五一頁。
＊202 同書、一四七頁。
＊203 木下威「憲法研究会草案——その政治史的意味」『法学論集(鹿児島大学)』第四巻(一九六八年)、一九四。野坂参三『野坂参三選集(戦後編)』(日本共産党中央委員会出版部、一九六四年)、七頁。
＊204 清水、前掲書、一五〇頁。
＊205 長谷川、前掲書、一〇一頁。
＊206 久野収「日本の保守主義『心』グループ」久野収、鶴見俊輔、藤田省三『戦後日本の思想』(岩波同時代ライブラリー、一九九五年)、一一〇‐一一四頁。
＊207 金子勝「鈴木安蔵先生の思想と学問——社会科学としての憲法学の創始及び発展と日本国憲法擁護のためにささげられた生涯」『法と民主主義』第一八七号(一九八四年)、一四、一六。渡辺治「帝国憲法と鈴木先生——報告・ファシズムの時代と鈴木憲法学の形成」星野安三郎ほか『日本憲法科学の曙光——鈴木安蔵博士追悼論集』(勁草書房、一九八七年)、六五‐六六、八一‐八二頁。鈴木に洗礼を行なった牧師杉

山元治郎は、一九二〇年まで小高町の農民運動を指導し、賀川豊彦や彼と非戦論を唱えた作家の沖野岩三郎など、当時最新思想の担い手を同地に招いており、鈴木へ強い影響を与えた。賀川は高野岩三郎、安部磯雄とともに三長老として、戦争直後に日本社会党創設のアピールを出し、杉山は一九五五年、社会党から衆議院副議長に就任する。原秀成、前掲書、一八六－一八九頁。

＊208　金子、前掲論文、一九。鈴木安蔵『憲法学三〇年』（評論社、一九六七年）、一三九－一四四頁。

＊209　同書、八二－八三頁。

＊210　金子、前掲論文、一九－二一。鈴木、前掲『憲法学三〇年』一五八－一五九頁。同、『民主憲法の構想』（光文社、一九四六年）、六－七、一一三、一三三－一三四頁。

＊211　同書、二〇、二四－二五頁。

＊212　鈴木、前掲『憲法制定前後』一三八－一四〇頁。荒畑寒村は翌日、怪我で寝たきりとなり会見には欠席したが、共産党の徳田球一ですら、占領軍との関係をおもんばかって、この件について多くを語らなかった。ゲイン、前掲書、上、一四九頁。

＊213　鈴木、前掲『憲法制定前後』一四〇－一四一頁。

＊214　ゲインの日記では四月七日には幣原に会えず、翌日に会見が実現したと記されている。ゲイン、前掲書、上、一四七－一四九頁。

＊215　鈴木、前掲『憲法制定前後』一四一頁。

＊216　同書、一四九頁。鈴木、前掲『憲法学三〇年』二六五－二六六頁。

＊217　鈴木、前掲『民主憲法の構想』七－八頁。同、前掲『憲法学三〇年』二四九－二五九、三〇一頁。同、「憲法研究会の憲法草案起草および憲法制定会議提唱」『法学論集（愛知大学）』第二八号（一九五九年）、一九二。憲法研究会は、公表前に暫定草案を一九四五年一一月一日付で二四人に送り、意見を募っている

が、送付先には大内兵衛、原彪、鈴木東民などと並んで、後に国務大臣として憲法審議に携わる金森徳次郎もふくまれていた。同論文、一九六。原秀成、前掲書、五七四、六〇六－六〇八頁。

＊218　鈴木安蔵『憲法学原論――憲法学および日本憲法の解明』（勁草書房、一九五六年）、一八六頁。

＊219　星野安三郎「鈴木先生の人と学問」星野ほか、前掲書、二八四－二八五頁。横越英一「鈴木教授における政治学」同書、二九一頁。鈴木、前掲『憲法学三〇年』二四一頁。

＊220　森戸辰男『遍歴八十年』（日本経済新聞社、一九七六年）、七－一一、一六、二六、三〇、三六頁。森戸事件については、高野岩三郎や彼に関連する人々の動きを以下で詳述した。石田、前掲『戦後憲法を作った人々』四五－五一頁。

＊221　森戸辰男『思想の遍歴 上 クロポトキン事件前後』（春秋社、一九七二年）、八三、三〇六頁。

＊222　衆議院事務局編『第九十回帝国憲法改正案委員小委員会速記録』（衆栄会、一九九五年）、一一四頁。横浜市所蔵「森戸辰男関係文書」1547E（R8165）秋澤修二から森戸への手紙（一九五九年四月一三日）。

＊223　森戸、前掲『遍歴八十年』七四頁。

＊224　鈴木英一、平原春好編『資料 教育基本法50年史』（勁草書房、一九九八年）、一七四－一七五頁。

＊225　鈴木、前掲『憲法制定前後』九七頁。

＊226　教科書検定訴訟を支援する全国連絡会編『家永・教科書裁判 裁かれる日本の歴史 高裁篇 第二巻 立証篇1』（総合図書、一九七三年）、二四－二五、三三頁。

＊227　森戸辰男「平和国家の建設」『改造』一九四六年一月号、五。

＊228　憲法調査会編『憲法調査会第十回総会議事録』（大蔵省印刷局、一九五八年）、一三、四五頁。

＊229　鄭栄桓「四・二四教育闘争と在日朝鮮人の民族教育――暴力の痕跡と連帯の記憶」『創作と批評』第一八六号（二〇一九年）https://magazine.changbi.com/jp/archives/91453?cat=2483。国立教育政策研究所教育図書館、

朝鮮人の学校問題（朝鮮人学校問題）、347（22）【S370||28||8】、ID：EC20034271、通達書（［マ政令に関する日教組との交渉その他］）。

＊230 広島大学文書館森戸辰男関係文書、朝鮮学校関係、01167、MO02100300300、「在日朝鮮人教育の実状――その過去と現在」。同、00397、MO02010900300、「朝鮮人連盟との交渉経過概要」。

＊231 国立教育政策研究所教育図書館、朝鮮人の学校問題（朝鮮人学校問題）、347（22）【S370||28||8】、ID：EC20034271、通達書（［マ政令に関する日教組との交渉その他］）。鄭、前掲論文。

＊232 広島大学文書館森戸辰男関係文書、朝鮮学校関係、00436、MO02010902900、「朝鮮人学校に関する問題について」。

＊233 同、00427、MO02010902300、「朝鮮人学校に関する問題について」。

＊234 石田、前掲『敗戦から憲法へ』一七六―一七七頁。

＊235 林要『おのれ、あの人、この人』（法政大学出版局、一九七〇年）、一九三－一九四頁。教科書検定訴訟を支援する全国連絡会編、前掲書、一五、五五－五六、七六－七七頁。

＊236 山領健二「ジャーナリストの転向――室伏高信論」『思想の科学』一九六二年七月号、六二－六五。

＊237 室伏高信『戦争私書』（中公文庫、一九九〇年）、二四頁。

＊238 しまねきよし「評伝・室伏高信（三）」『季刊世界政経』第七〇巻（一九七九年）、一二四－一二六。

＊239 原秀成、前掲書、八三－八四頁。山領、前掲論文、六二。

＊240 太田雅夫編『資料大正デモクラシー論争史』上巻（新泉社、一九七一年）、三五七、四四八－四四九頁。

＊241 室伏、前掲『戦争私書』一七、二〇、二九－三三頁。

＊242 室伏高信『文明の没落』（批評社、一九二三年）、三四、三八、一七九、二六一頁。大島丈志「農民芸術がうまれる土壌――大正後期の室伏高信の言説を中心として」『近代文学研究』第二四巻（二〇〇七年）、

九九－一〇〇。

＊243　室伏高信「犬養の軍備縮小論」『改造』一九二二年三月号、二三三－二三四。

＊244　室伏、前掲『戦争私書』四〇、六四頁。江口、前掲書、一二九頁。

＊245　張競、村田雄二郎編『日中の一二〇年文芸・評論作品選　第2巻　敵か友か一九二五－一九三六』（岩波書店、二〇一六年）、二四九－二五三、二五五、二六二－二六三、二六五頁。

＊246　室伏高信「杉森孝次郎と河合栄治郎」『理想』第八年第七冊（一九三五年）、五四、五六－五七。

＊247　戸坂潤ほか『自由主義とは何か』（東洋経済新報社、一九三六年）、一八、三七、七六頁。

＊248　室伏高信『昭和前期「教師論」文献集成22　若き教師に与ふ』上沼八郎監修（ゆまに書房、一九九三年）、七九、一二一、一三一頁。

＊249　山領、前掲論文、五七。

＊250　室伏、前掲『戦争私書』八九頁。

＊251　同書、九〇頁。

＊252　長尾和郎「敗戦前後の覚え書――敗戦焦土の東京にはせ参じたリベラリスト群像の中の鋭鋒、岩淵辰雄の言動」岩淵辰雄追想録刊行会編『岩淵辰雄追想録』（岩淵辰雄追想録刊行会、一九八一年）、三三八－三三九頁。

＊253　原秀成、前掲書、八三頁。山領、前掲論文、五七－五八。室伏、前掲『戦争私書』一〇〇－一〇一頁。

＊254　長尾、前掲『岩淵辰雄追想録』三四一頁。

＊255　室伏高信『民主主義と日本』（新生社、一九四五年）、一八－一九頁。

＊256　同書、二一頁。

＊257　原秀成、前掲書、五〇六頁。

＊258 室伏高信『自由主義か社会主義か』（新生社、一九四六年）、一八頁。
＊259 同書、四二頁。
＊260 鈴木、前掲『憲法制定前後』八四頁。長尾、前掲『岩淵辰雄追想録』三四九－三五〇頁。
＊261 室伏、前掲『戦争私書』三五八－三五九頁。
＊262 室伏高信「新々憲法論」『日本』第一巻第二号（一九五二年）、二、九。
＊263 同論文、九。
＊264 しまねきよし「評伝・室伏高信（最終回）」『季刊世界政経』第七一巻（一九七九年）、一二二。
＊265 室伏高信「天皇象徴について（声なき声）」『日本及日本人』一四六七号（一九六八年）、七九、八一。
＊266 馬場恒吾『自伝点描』（中公文庫、一九八九年）、一九、四五、五三、六四頁。和田守「ある大正デモクラットの民衆政治論とファシズムへの抵抗――馬場恒吾の言論活動を通して」『年報政治学』第三三巻（一九八二年）、一三二－一三五。同「馬場恒吾と改造の時代」『大東文化大学紀要〈社会科学編〉』第五五号（二〇一七年）、九二、九四－九五、九八－一〇一。
＊267 和田、前掲「ある大正デモクラットの民衆政治論とファシズムへの抵抗」一三七－一三八。
＊268 馬場恒吾『社会民衆党パンフレット 特輯Ⅲ ブルジョワ政治の解剖』（社会民衆党本部、一九二七年）、六、一〇、一五、二六、三一－三二頁。
＊269 馬場恒吾「警官優遇論」『改造』一九二七年五月号、一八－二〇、二二－二三、二五－二六。
＊270 渡辺、前掲『渡辺治著作集 第2巻』一八二－一八三頁。
＊271 和田、前掲「ある大正デモクラットの民衆政治論とファシズムへの抵抗」一四二－一四五。馬場恒吾『議会政治論』（中央公論社、一九三三年）、二二二、二三〇、四三七－四三八頁。
＊272 馬場恒吾「有田外相論」『中央公論』一九三七年二月号、一三〇。馬場恒吾「戦争と外交」『改造』一九

三九年一一月号、七五。

＊273　御厨貴『馬場恒吾の面目――危機の時代のリベラリスト』（中央公論社、一九九七年）、一五九－一六〇、一六五頁。片山哲、前掲書、一六四頁。

＊274　なお、若槻礼次郎は調査会総裁就任を打診されるが、太平洋戦争の発生を防止できなかった責任があるとして承諾しなかった。青木得三「平和憲法は米国製ではない――幣原さんの悲願」『平和』一九五四年五月号、一一。岩淵辰雄『岩淵辰雄選集 第三巻 戦後日本政治への直言』（青友社、一九六七年）、一五七、二五〇－二五一頁。

＊275　鈴木、前掲『憲法学三〇年』二三八－二三九頁。

＊276　岩淵辰雄「馬場恒吾」『三代言論人集』第八巻（時事通信社、一九六三年）、三三六、三四一頁。

＊277　同書、二九二－二九三頁。鎌田慧『反骨――鈴木東民の生涯』（講談社、一九八九年）、二七〇、二七七、二八三、二八七頁。読売新聞社編『讀賣新聞八十年史』（読売新聞社、一九五五年）、四七九、五二〇－五二五、五三〇－五三一、五四一－五四二、五六九－五七〇頁。長谷川、前掲書、一一一、一一四、一一七、一一九、一二二頁。高野岩三郎の日本放送協会（NHK）会長時代については、以下の著書で論じた。石田、前掲『戦後憲法を作った人々』六四－七一頁。馬場は一九四六年一月に設置されたNHKの再編案を作成するための委員会において暫定的会長に任命されていたが、ほかの委員と衝突して、委員会が共産主義者に支配されていると、解任を占領軍に申し立てる行動にも出ている。上村千賀子『占領期女性のエンパワーメント――メアリ・ビーアド、エセル・ウィード、加藤シヅエ』（藤原書店、二〇二三年）、八七頁。この後に高野岩三郎が選任されるが、敵対者を共産主義者として攻撃する馬場の姿勢は、読売新聞社の「特異性」に影響されたわけではなさそうである。

＊278　林泉「〝神さま〟の伝説」前掲『岩淵辰雄追想録』、三六二－三六四頁。岩淵辰雄『岩淵辰雄選集 第二

巻 軍閥の系譜』(青友社、一九六七年)、一三、三五－三六、四四、四九、五三頁。ただし岩淵は、皇道派系人脈から得た情報を解釈の中心にすえているため、鋭い統制派批判になっている反面、それが先入観として働いている側面も否定できない。

＊279 岩淵辰雄『重臣論』(高山書院、一九四一年)、一〇二、一二五－一二六頁。

＊280 同書、一八九、二一四－二一七頁。

＊281 同書、二四九、二五四、三一七頁。岩淵は日本軍部の視点から日中戦争も分析していたが、戦後に記した近衛批判は「インテリのディレッタント的な悪い癖」として、その美辞麗句を並べ裏面工作に没頭する点を指摘し、室伏高信の「中国の友」的な欺瞞とは異なる冷静なトーンで論じている。岩淵、前掲『岩淵辰雄選集 第二巻』三三九、三四五頁。

＊282 同書、三六〇－三六三、三六八－三六九、三七一頁。

＊283 同、前掲『岩淵辰雄選集 第三巻』一〇九、一一三－一一四頁。

＊284 住本利男『占領秘録』(中公文庫、一九八八年)、一六三、二二六－二二七頁。

＊285 岩淵、前掲『岩淵辰雄選集 第三巻』二四三－二四四、二四九－二五〇頁。

＊286 同書、二五八－二六〇頁。高田一夫「舞台を回した波瀾の履歴書」前掲『岩淵辰雄追想録』一二一頁。佐々木貞夫「鍋横閑話」同書、二九一－二九二、三〇二－三〇三頁。

＊287 林泉、同書、三六三頁。鈴木、前掲『憲法制定前後』九九頁。

＊288 岩淵、前掲『岩淵辰雄選集 第三巻』二六四頁。

＊289 同書、二二六、二三三、二五三、二五七頁。

＊290 同書、三四一頁。

＊291 高田、前掲『岩淵辰雄追想録』一三〇頁。

＊292　中曽根康弘「天壇に半月が照っている絵」同書、二四頁。
＊293　今田竹千代「杉森孝次郎の哲学」『早稲田大学史紀要』第二巻第三号（一九六九年）、三一－三二、四四。宮地正人「森戸辰男事件――学問の自由の初の試練」我妻栄ほか編『日本政治裁判史録 大正』（第一法規出版、一九六九年）、二三〇頁。和田、前掲「馬場恒吾と改造の時代」九八。
＊294　室伏、前掲『戦争私書』一〇〇－一〇二、二一二頁。鈴木、前掲『憲法制定前後』七二頁。山領健二「ある自由主義ジャーナリスト――長谷川如是閑」思想の科学研究会『共同研究 転向 2――戦前篇 下』（平凡社、二〇一二年）、二四四－二四五、二四七頁。横浜市所蔵「森戸辰男関係文書」1547E（R8165）秋澤修二から森戸への手紙（一九五九年四月一三日）。
＊295　鈴木、前掲『憲法学三〇年』二一三、二六〇、二六八、二七〇頁。
＊296　岩淵、前掲『岩淵辰雄選集 第三巻』二四四－二四五、二八三頁。占領当局は一九四五年一〇月の段階で、森戸にインタビューを行なっており、その際に森戸は天皇を「道徳的象徴」以上のものにしてはならないと発言しており、憲法研究会前に「シンボル」の言葉は使われていた。石田、前掲『戦後憲法を作った人々』六一－六二頁。
＊297　鈴木、前掲『憲法学三〇年』二四六－二四七頁。
＊298　杉森孝次郎『国家の明日と新政治原則――社会国家への主張』（早稲田大学出版部、一九二三年）、三〇、三八、一三三－一三四、一四一、一八一頁。
＊299　同書、七一頁。
＊300　中野ほか、前掲「夏季特別企画 東洋経済新報 昭和七年三月二十六日号「ファシズム批判」座談会」一三〇－一三一。杉森孝次郎『国際日本の自覚――東亜に先進する者の義務』（理想社、一九三七年）、一二四、一三五頁。

＊301　杉森孝次郎『新世界秩序建設の書――歴史哲学の一断想』（元元書房、一九四二年）、二一八、二三四－二三五頁。同、『世界政治学の必然』（中央公論社、一九四三年）、七、一九六頁。
＊302　同、『世界人権の原則』（研進社、一九四七年）、六九－七〇頁。
＊303　同書、一二〇－一二一頁。
＊304　山川菊栄「文化運動の意義」『日本文化人連盟会報』第一号（一九四六年）、二。
＊305　杉森、前掲『世界人権の原則』一二二頁。
＊306　同書、九二－九四、一二一、一三九頁。
＊307　杉森孝次郎「責任政治の確立――浅薄なる「反対党」公賛の蒙を啓く」『改造』一九四九年二月号、一〇－一五。

主要参考文献

【文書館未公刊史料】

外国語

Archivio Centrale dello Stato, Roma: Ministero dell'Interno 1814-1986, Direzione Generale, Pubblica Sicurezza, Divisione polizia politica, Fascicoli per materia.

Fondazione Istituto Gramsci, Roma: Brigate Garibaldi.

Istituto nazionale per la storia del movimento di liberazione in Italia（略号 INSMLI）, Milano: Fondo Tibaldi Ettore.

日本語

国立教育政策研究所教育図書館、朝鮮人の学校問題（朝鮮人学校問題）。

広島大学文書館森戸辰男関係文書、朝鮮学校関係。

横浜市所蔵「森戸辰男関係文書」。

【文書館公刊史料】

外国語

Atti Parlamentari, Camera dei Deputati. 以下で検索可 https://storia. camera. it/lavori#nav。

Foreign Relations of the United States: Diplomatic Papers 1943; Vol. II: Europe. Washington: Government Printing Office, 1964.

Foreign Relations of the United States: Diplomatic Papers 1944; Vol. III: The British Commonwealth and Europe. Washington: Government Printing Office, 1965.

Ministère des Affaires Étrangères. Commission de publication des documents relatifs aux origines de la guerre 1939-45. *Documents diplomatiques français, 1932-1939*. 2 ser. (1936-1939), Tome VII. Paris: Imprimerie Nationale, 1972.
Ministero degli Affari Esteri, Commissione per la pubblicazione dei documenti diplomatici, *I documenti diplomatici italiani*, 9 ser. (1939-1943), vol. III. Roma: Libreria dello Stato, 1959.

日本語

議院法
https://www.digital.archives.go.jpDASmetaDetail_F0000000000000014339。
憲法調査会編『憲法調査会第十回総会議事録』大蔵省印刷局、一九五八年。
簿冊標題：公文類聚・第六十一編・昭和十二年・第八巻・官職六・官制六
https://www.digital.archives.go.jp/img/1650894。

【二次文献】

外国語

AA.VV. *Ricordo di Cino Moscatelli*. Borgosesia: Istituto per la Storia della Resistenza in Provincia di Vercelli, 1982.
Asquith, Herbert Henry. *Memories and reflections, 1852-1927*, vol. 2. London: Cassell, 1928.
Badoglio, Pietro. *L'Italia nella seconda guerra mondiale: Memorie e documenti*. Milano: Mondadori, 1945.
Barbano, Enzo. "Storia di un rivoluzionario." *Ricordo di Cino Moscatelli*. AA.VV. Borgosesia: Istituto per la Storia della Resistenza in Provincia di Vercelli, 1982, pp. 7-16.
Bastianini, Giuseppe. *Uomini, cose, fatti: Memorie di un ambasciatore*. Milano: Vitagliano, 1959.

Behan, Tom. *The Italian Resistance: Fascists, Guerrillas and the Allies*. New York: Pluto Press, 2009.

Beltrami, Michele. *Il governo dell'Ossola partigiana*. Con una testimonianza inedita di Umberto Terracini. Roma: Sapere 2000, 1994.

Bergwitz, Hubertus. *Una libera repubblica nell'Ossola partigiana*. Milano: Feltrinelli, 1979.

Bermani, Cesare. *"Filopanti": Anarchico, ferroviere, comunista, partigiano*. Prefazione di Sandro Portelli. Roma: Odradek, 2010.

Bighiani, Sisto. "La veste della mia prima messa tutta imbrattata di sangue." *Il prezzo di una capra marcia: Testimonianze dalla repubblica dell'Ossola*. Paolo Bologna. Domodossola: Grossi, 2016, pp. 132-140.

Bocca, Giorgio. *Storia dell'Italia partigiana, settembre 1943-maggio 1945*. Milano: Feltrinelli, 2012.

Bocca, Giorgio. *Una repubblica partigiana: Ossola 10 settembre - 23 ottobre 1944*. Milano: Il Saggiatore, c1964, 2005.

Boldrini, Arrigo. "Cosi lo ricordammo a Borgosesia il 3 novembre 1981." *Ricordo di Cino Moscatelli*. AA.VV. Borgosesia: Istituto per la Storia della Resistenza in Provincia di Vercelli, 1982, pp. 43-50.

Bologna, Paolo. *Il prezzo di una capra marcia: Testimonianze dalla repubblica dell'Ossola*. Domodossola: Grossi, c1969, 2016.

Bonfantini, Mario. *Un salto nel buio*. Novara: Interlinea, 2005.

Bottai, Giuseppe. *Diario, 1935-1944*. A cura di Giordano Bruno Guerri. Milano: Rizzoli, 1983.

Bottai, Giuseppe. *Vent'anni e un giorno*. Milano: Gaezanti, 1977.

Braga, Antonella. *Gisella Floreanini*. Milano: Edizioni Unicopli, 2015.

Camerani, Sergio (A cura di). *Carteggi di Bettino Ricasoli*, vol. XXV. Roma: Istituto storico italiano per l'età moderna e contemporanea, 1971.

Caretti, Stefano. "La sua vita." *Ricordo di Cino Moscatelli*. AA.VV. Borgosesia: Istituto per la Storia della Resistenza in Provincia di Vercelli, 1982, pp. 1-6.

Caviglia, Enrico. *Diario (aprile 1925 - marzo 1945)*. Roma: Casini, 1952.

Chiaramonte, Umberto. *Economia e società in provincia di Novara durante il fascismo, 1919-1943*. Milano: Franco Angeli, 1987.

Chiaramonte, Umberto. *Industrializzazione e movimento operaio in val d'ossola: dall'unità alla prima guerra mondiale*. Milano: Franco Angeli, 1985.

Ciano, Galeazzo. *Diario 1937-1943*. A cura di Renzo De Felice. Milano: Rizzoli, 1980.

Colarizi, Simona. *Storia del Novecento italiano*. Milano: Rizzoli, 2000.

Colombo, Paolo. *La monarchia fascista, 1922-1940*. Bologna: Il Mulino, 2010.

Corradini, Enrico. *Scritti e discorsi, 1901-1914*. A cura di Lucia Strappini. Torino: Einaudi, 1980.

Cristofoli, Seferino. "L'industria ossolana durante la resistenza." *La Repubblica dell'Ossola Settembre-Ottobre 1944*. A cura di Filippo Frassati. Domodossola: Ambiente Edizioni, 1984, pp. 85-87.

Crosa, Emilio. *Diritto costituzionale*. Torino: Unione Tipografico-Editrice Trinese, 1937.

De Felice, Renzo. *Rosso e nero*. A cura di Pasquale Chessa, Milano: Baldini & Castoldi, 1995.

Federzoni, Luigi. *Italia di ieri: Per la storia di domani*. Milano: Mondadori, 1967.

Floreanini, Gisella. "Un ricordo e un augurio." *Il prezzo di una capra marcia: Testimonianze dalla repubblica dell'Ossola*. Paolo Bologna. Domodossola: Grossi, 2016, pp. 228-233.

Frassati, Filippo. "Introduzione alla seconda edizione." *La Repubblica dell'Ossola Settembre-Ottobre 1944*. A cura di Filippo Frassati. Domodossola: Ambiente Edizioni, 1984, pp. V-XVIII.

Frassati, Filippo (A cura di). *La Repubblica dell'Ossola Settembre-Ottobre 1944*. Domodossola: Ambiente Edizioni, 1984.

Gayn, Mark. *Japan Diary*. New York: W. Sloane Associates, 1948.

Ghisalberti, Carlo. *Storia costituzionale d'Italia: 1848-1994*. Nuova ed. ampliata. Bari-Roma: Laterza, 2002.

Giarda, Mario. *La Resistenza nel Cusio Verbano Ossola*. Milano: Vangelista Editore, 1975.

Guariglia, Raffaele. *Ricordi, 1922-1946*. Napoli: Edizioni Scientifiche Italiane, 1949.

Guiccioli, Alessandro. *Diario di un conservatore*. Milano: Edizioni del Borghese, 1973.

Halperin, S. William. *Italy and the Vatican at War: A Study of Their Relations from the Outbreak of the Franco-Prussian War to the Death of Pius IX*. Chicago: University of Chicago Press, 1939.

Ishida, Ken. "Racism Compared : Fascist Italy and Ultranationalist Japan." *Jonrnal of Modern Itarlian Studies*, Vol. 7, No. 3 (2002), 380-391.

Knox, MacGregor. *Mussolini Unleashed 1939-1941: Politics and Strategy in Fascist Italy's Last War*. Cambridge: Cambridge University Press, 1982.

Mack Smith, Denis. *Italy and its Monarchy*. New Haven and London: Yale University Press, 1989.

Malatesta, Leonardo. *Il Comandante Dionigi Superti: La Divisione Partigiana Valdossola e la Guerra di Liberazione tra l'Ossola e il Ticino*. Varese: Macchione, 2019.

Marchetti, Aristide. *Ribelle: Nell'Ossola insorta con Beltrami e Di Dio (novembre 1943 - decembre 1944)*. Riedizione critica a cura di Marino Viganò. Milano: Hoepli, 2008.

Monelli, Paolo. *Mussolini piccolo borghese*. Milano: Garzanti, 1966.

Mussolini, Benito. *Opera omnia di Benito Mussolini*, XXXIV. A cura di Edoardo e Dulio Susmel. Firenze: Fenice, 1961.

Pellanda, Luigi. *L'Ossola nella tempesta dal settembre 1939 alla Liberazione*. V ed. Domodossola: Grossi, 2002.

Pelloux, Luigi. *Quelques souvenirs de ma vie*. A cura e con introduzione di Gastone Manacorda. Roma: Istituto per la storia del Risorgimento italiano, 1967.

Perfetti, Francesco. *La camera dei fasci e delle corporazioni*. Roma: Bonacci, 1991.

Petrie, Charles. *Monarchy in the Twentieth Century*. London: A. Dakers, 1952.

Pirelli, Alberto. *Taccuini, 1922/1943*. Bologna: Il Mulino, 1984.

Puntoni, Paolo. *Parla Vittorio Emanuele III*. Bologna: Il Mulino, 1993.

Répaci, Antonino. *La marcia su Roma: Mito e realtà*, vol. I, II. Roma: Canesi, 1963.

Rodoni, Mario. "Dynamit am Simplon." *Il prezzo di una capra marcia: Testimonianze dalla repubblica dell'Ossola*. Paolo Bologna. Domodossola: Grossi, 2016, pp. 223-226.

Romeo, Rosario. *Vita di Cavour*. Roma-Bari: Laterza, 1984.

Samuels, Richard J. *Machiavelli's Children: Leaders and Their Legacies in Italy and Japan*. Ithaca: Cornell University Press, 2003.

Scaroni, Silvio. *Con Vittorio Emanuele III*. Roma: Mondadori, 1954.

Seton-Watson, Christopher. *Italy from Liberalism to Fascism, 1870-1925*. London: Methuen, 1967.

Sforza, Carlo. *Contemporary Italy: Its intellectual and moral origins*. Translated by Drake and Denise De Kay. London: F. Muller, 1946.

Soleri, Marcello. *Memorie*. Prefazione di Luigi Einaudi. Torino: Einaudi, 1949.

Tamaro, Attilio. *Due anni di storia, 1943-45*, vol. 1. Roma: Tosi, 1948.

Testa, Gian Luigi. "Moscatelli, uomo politico valsesiano." *Ricordo di Cino Moscatelli*. AA.VV. Borgosesia: Istituto per la Storia della Resistenza in Provincia di Vercelli, 1982, pp. 17-32.

Tibaldi, Ettore. "La Repubblica dell'Ossola: Cosa è stata e cosa doveva essere." *La Repubblica dell'Ossola Settembre-Ottobre 1944*. A cura di Filippo Frassati. Domodossola: Ambiente Edizioni, 1984, pp. 4-7.

Vigorelli, Ezio (A cura di). *L'italiano è socialista e non lo sa: Note e appunti per un programma socialista democratico*. Milano: Mondadori, 1952.

Wieviorka, Olivier. *The Resistance in Western Europe 1940-1945*. New York: Columbia University Press, 2019.

Zanantoni, Marzio. *Albe Steiner. Cambiare il libro per cambiare il mondo. Dalla Repubblica dell'Ossola alle Edizioni Feltrinelli.* Milano: Edizioni Unicopli, 2013.

日本語

青木得三「平和憲法は米国製ではない――幣原さんの悲願」『平和』第五号（一九五四年）、一〇－一六。

荒畑寒村『日本社会主義運動史』毎日新聞社、一九四八年。

粟屋憲太郎編『敗戦直後の政治と社会①（資料日本現代史２）』大月書店、一九八〇年。

家永三郎『歴史のなかの憲法 上』東京大学出版会、一九七七年。

家永三郎、永井和「「輔弼」をめぐる論争――家永三郎・永井和往復書簡」『立命館文學』第五二一巻（一九九一年）、九二九－九八七。

石射猪太郎『石射猪太郎日記』伊藤隆、劉傑編、中央公論社、一九九三年。

石田憲『戦後憲法を作った人々――日本とイタリアにおけるラディカルな民主主義』有志社、二〇一九年。

石田憲『地中海新ローマ帝国への道――ファシスト・イタリアの対外政策 一九三五－三九』東京大学出版会、一九九四年。

石田憲『日独伊三国同盟の起源――イタリア・日本から見た枢軸外交』講談社選書メチエ、二〇一三年。

石田憲『敗戦から憲法へ――日独伊 憲法制定の比較政治史』岩波書店、二〇〇九年。

石田憲「パルチザンの共和国――イタリア戦後民主主義への道程」『千葉大学法学論集』第三六巻、第三・四号（二〇二二年）、一－四八。

伊藤之雄『東久邇宮の太平洋戦争と戦後――陸軍大将・首相の虚実一九三三～九〇年』ミネルヴァ書房、二〇二一年。

稲田正次『明治憲法成立史』下巻、有斐閣、一九六二年。

井上毅傳記編纂委員會編『井上毅傳 史料篇第二』國學院大學圖書館、一九六六年。

今田竹千代「杉森孝次郎の哲学」『早稲田大学史紀要』第二巻第三号（一九六九年）、二七‐四五。

岩淵辰雄『岩淵辰雄選集 第二巻 軍閥の系譜』青友社、一九六七年。

岩淵辰雄『岩淵辰雄選集 第三巻 戦後日本政治への直言』青友社、一九六七年。

岩淵辰雄『重臣論』高山書院、一九四一年、二七‐四四。

岩淵辰雄「馬場恒吾」『三代言論人集』第八巻、時事通信社、一九六三年、二四七‐三六三頁。

岩淵辰雄追想録刊行会編『岩淵辰雄追想録』岩淵辰雄追想録刊行会、一九八一年。

上村千賀子『占領期女性のエンパワーメント――メアリ・ビーアド、エセル・ウィード、加藤シヅエ』藤原書店、二〇二三年。

江口圭一『昭和の歴史 第4巻 十五年戦争の開幕』小学館、一九八八年。

大江志乃夫『御前会議――昭和天皇十五回の聖断』中公新書、一九九一年。

大島丈志「農民芸術がうまれる土壌――大正後期の室伏高信の言説を中心として」『近代文学研究』第二四巻（二〇〇七年）、九八‐一〇八。

太田雅夫編『資料大正デモクラシー論争史』上巻、新泉社、一九七一年。

荻野富士夫『昭和天皇と治安体制』新日本出版社、一九九三年。

小股憲明「尾崎行雄文相の共和演説事件――明治期不敬事件の事例として」京都大学人文科学研究所『人文學報』第七三号（一九九四年）、二〇一‐二四一。

戒能通孝『暴力――日本社会のファッシズム機構』日本評論社、一九五〇年。

笠原英彦『天皇親政――佐々木高行日記にみる明治政府と宮廷』中公新書、一九九五年。

片山潜『わが回想』下、徳間書店、一九六七年。

片山哲『安部磯雄伝』毎日新聞社、一九五八年。

金子勝「鈴木安蔵先生の思想と学問――社会科学としての憲法学の創始及び発展と日本国憲法擁護のためにささげられた生涯」『法と民主主義』第一八七号（一九八四年）、一四－二二。

鎌田慧『反骨――鈴木東民の生涯』講談社、一九八九年。

木戸幸一、木戸日記研究会校訂『木戸幸一日記』上巻、東京大学出版会、一九六六年。

木戸日記研究会編『木戸幸一関係文書』東京大学出版会、一九六六年。

木下威「憲法研究会草案――その政治史的意味」『法学論集（鹿児島大学）』第四巻（一九六八年）、一七五－一九七。

教科書検定訴訟を支援する全国連絡会編『家永・教科書裁判 裁かれる日本の歴史 高裁篇 第二巻 立証篇1』総合図書、一九七三年。

清沢洌ほか『昭和戦争文学全集 14 暗黒日記』集英社、一九六五年。

金慶海編『四・二四阪神教育闘争を中心に（在日朝鮮人民族教育擁護闘争資料集 1）』明石書店、一九八八年。

工藤武重『改訂 明治憲政史』有斐閣、一九三四年。

宮内庁編『明治天皇紀 第六』吉川弘文館、一九七一年。

宮内庁編『明治天皇紀 第九』吉川弘文館、一九七三年。

久野収「日本の保守主義『心』グループ」久野収、鶴見俊輔、藤田省三『戦後日本の思想』岩波同時代ライブラリー、一九九五年、一〇一－一二二頁。

マーク・ゲイン『ニッポン日記』上、井本威夫訳、筑摩書房、一九五一年。

『国体の本義』文部省、一九三七年。

近衛文麿『平和への努力――近衛文麿手記』日本電報通信社、一九四六年。

シモーナ・コラリーツィ『イタリア20世紀史――熱狂と恐怖と希望の100年』村上信一郎監訳、橋本勝雄訳、名古屋大学出版会、二〇一〇年。

斉藤一郎『斉藤一郎著作集 第三巻 戦後日本労働運動史（上）』あかね図書、二〇〇五年。

『在日朝鮮人民族教育擁護闘争資料集』明石書店、一九八八～一九八九年。

坂本一登『伊藤博文と明治国家形成――「宮中」の制度化と立憲制の導入』吉川弘文館、一九九一年。

佐々木貞夫「鍋横閑話」岩淵辰雄追想録刊行会編『岩淵辰雄追想録』岩淵辰雄追想録刊行会、一九八一年、二八八－三一八頁。

佐々木隆「明治天皇と立憲政治」福地惇、佐々木隆編『明治日本の政治家群像』吉川弘文館、一九九三年、三〇六－三四二頁。

リチャード・J・サミュエルズ『マキァヴェッリの子どもたち』鶴田知佳子、村田久美子訳、東洋経済新報社、二〇〇七年。

信夫清三郎『大正デモクラシー史』日本評論社、一九五四年。

しまねきよし「評伝・室伏高信（三）」『季刊世界政経』第七〇巻（一九七九年）、一一六－一二七。

しまねきよし「評伝・室伏高信（最終回）」『季刊世界政経』第七一巻（一九七九年）、一一六－一二七。

清水慎三『戦後革新勢力――史的過程の分析』青木書店、一九六六年。

杉森孝次郎『国際日本の自覚――東亜に先進する者の義務』理想社、一九三七年。

杉森孝次郎『国家の明日と新政治原則――社会国家への主張』早稲田大学出版部、一九二三年。

杉森孝次郎『新世界秩序建設の書――歴史哲学の一断想』元元書房、一九四二年。

杉森孝次郎『世界人権の原則』研進社、一九四七年。

杉森孝次郎『世界政治学の必然』中央公論社、一九四三年。

杉森孝次郎「責任政治の確立――浅薄なる「反対党」公賛の蒙を啓く」『改造』一九四九年二月号、一〇－一五。

杉山元『杉山メモ』上、下、原書房、一九六七年。

衆議院事務局編『第九十回帝国憲法改正案委員小委員会速記録』衆栄会、一九九五年。

春畝公追頌會編『伊藤博文伝』春畝公追頌會、一九四〇年。

鈴木英一、平原春好編『資料 教育基本法50年史』勁草書房、一九九八年。

鈴木博雄『原典近代教育史』福村書店、一九六二年。

鈴木正幸『皇室制度――明治から戦後まで』岩波新書、一九九三年。

鈴木安蔵「学連事件――精神史的回想1」『現代と思想』第三五巻（一九七九年）、一一五－一三六。

鈴木安蔵『憲法学原論――憲法学および日本憲法の解明』勁草書房、一九五六年。

鈴木安蔵『憲法学三〇年』評論社、一九六七年。

鈴木安蔵「憲法研究会の憲法草案起草および憲法制定会議提唱」『法学論集（愛知大学）』第二八号（一九五九年）、一七七－二〇四。

鈴木安蔵『憲法制定前後――新憲法をめぐる激動期の記録』青木書店、一九七七年。

鈴木安蔵『民主憲法の構想』光文社、一九四六年。

鈴木裕子「戦争と女性――女性の「戦争協力」を考える」鹿野政直、由井正臣編『近代日本の統合と抵抗 4 一九三一年から一九四五年まで』日本評論社、一九八二年、一六七－二〇二頁。

住本利男『占領秘録』中公文庫、一九八八年。

住谷悦治、高桑末秀、小倉襄二『日本学生社会運動史』同志社大学出版部、一九五三年。

隅谷三喜男『日本社会思想の座標軸』東京大学出版会、一九八三年。

隅谷三喜男『日本労働運動史』有信堂、一九六六年。

関口泰『時局政治学』中央公論社、一九三六年。

高田一夫「舞台を回した波瀾の履歴書」岩淵辰雄追想録刊行会編『岩淵辰雄追想録』岩淵辰雄追想録刊行会、一九八一年、一〇二―一五二頁。

高橋利安「イタリア王国の憲法構造――自由主義期を中心に」『日伊文化研究』第五〇号（二〇一二年）、二―一一。

高橋利安「中央・地方関係におけるイタリア国家の特徴――現知事制度を中心に」北村暁夫、小谷眞男編『イタリア国民国家の形成――自由主義期の国家と社会』日本経済評論社、二〇一〇年、三一―五八頁。

多田道太郎「日本の自由主義」多田道太郎編『現代日本思想体系18 自由主義』筑摩書房、一九六五年、七―四六頁。

趙景達『植民地朝鮮と日本』岩波新書、二〇一三年。

張競、村田雄二郎編『日中の一二〇年文芸・評論作品選 第2巻 敵か友か 一九二五―一九三六』岩波書店、二〇一六年。

鄭栄桓「四・二四教育闘争と在日朝鮮人の民族教育――暴力の痕跡と連帯の記憶」『創作と批評』第一八六号（二〇一九年）https://magazine.changbi.com/jp/archives/91453?cat=2483。

寺崎英成、マリコ・テラサキ・ミラー『昭和天皇独白録』文春文庫、一九九五年。

戸坂潤ほか『自由主義とは何か』東洋経済新報社、一九三六年。

長尾和郎「敗戦前後の覚え書――敗戦焦土の東京にはせ参じたリベラリスト群像の中の鋭鋒、岩淵辰雄の言動」岩淵辰雄追想録刊行会編『岩淵辰雄追想録』岩淵辰雄追想録刊行会、一九八一年、三三六―三五一頁。

中曽根康弘「天壇に半月が照っている絵」岩淵辰雄追想録刊行会編『岩淵辰雄追想録』岩淵辰雄追想録刊行会、一九八一年、二二三―三一頁。

中野正剛、室伏高信、松岡駒吉、杉森孝次郎ほか「夏季特別企画 東洋経済新報 昭和七年三月二十六日号「ファシズム批判」座談会」『経済倶楽部講演録』七九九号（二〇一五年）、九四―一五四。

西田長寿「平民新聞とその時代 非戦論を中心として」『文学』第二一巻第一〇号（一九五三年）、九七三―九八二。

農民運動史研究会『日本農民運動史』東洋経済新報社、一九六一年。

野坂参三『野坂参三選集（戦後編）』日本共産党中央委員会出版部、一九六四年。

長谷川浩『二・一スト前後と日本共産党』三一書房、一九七六年。

馬場恒吾「有田外相論」『中央公論』一九三七年二月号、一二九―一四六。

馬場恒吾『議会政治論』中央公論社、一九三三年。

馬場恒吾「警官優遇論」『改造』一九二七年五月号、一七―二六。

馬場恒吾『自伝点描』中公文庫、一九八九年。

馬場恒吾『社会民衆党パンフレット 特輯Ⅲ ブルジョワ政治の解剖』社会民衆党本部、一九二七年。

馬場恒吾「戦争と外交」『改造』一九三九年一一月号、七二―七九。

林泉「〝神さま〟の伝説」岩淵辰雄追想録刊行会編『岩淵辰雄追想録』岩淵辰雄追想録刊行会、一九八一年、三六一―三六七頁。

林要『おのれ、あの人、この人』法政大学出版局、一九七〇年。

原奎一郎『ふだん着の原敬』中公文庫、二〇一一年。

原秀成『日本国憲法制定の系譜 Ⅲ――戦後日本で』日本評論社、二〇〇六年。

原田熊雄『西園寺公と政局』第二、五、六巻、岩波書店、一九五〇、一九五一、一九五一年。

坂野潤治『大正政変――一九〇〇年体制の崩壊』ミネルヴァ書房、一九八二年。

坂野潤治『明治憲法史』ちくま新書、二〇二〇年。

平野義太郎『反戦運動の人々』青木文庫、一九五五年。

藤原彰『昭和天皇の十五年戦争』青木書店、一九九一年。

藤原彰、粟屋憲太郎、吉田裕、山田朗『徹底検証・昭和天皇「独白録」』大月書店、一九九一年。

星野安三郎「鈴木先生の人と学問」星野安三郎ほか『日本憲法科学の曙光――鈴木安蔵博士追悼論集』勁草書房、一九八七年、二八一―二八七頁。

星野安三郎ほか『日本憲法科学の曙光――鈴木安蔵博士追悼論集』勁草書房、一九八七年。

細川護貞『細川日記』上、下、中公文庫、一九七九年。

細谷松太『戦後労働運動の歴史と人物』日刊労働通信社、一九七二年。

本庄繁『本庄日記』原書房、一九六七年。

松尾尊兊『わが近代日本人物誌』岩波書店、二〇一〇年。

松沢弘陽『日本社会主義の思想』筑摩書房、一九七三年。

松本賢治、鈴木博雄『原典近代教育史』福村書店、一九六二年。

松本三之介『天皇制国家と政治思想』未來社、一九六九年。

御厨貴『馬場恒吾の面目――危機の時代のリベラリスト』中央公論社、一九九七年。

御手洗辰雄『南総督の朝鮮統治』京城日報社、一九四二年。

御手洗辰雄編纂『南次郎』南次郎伝記刊行会、一九五七年。

宮田節子「天皇制教育と皇民化政策」浅田喬二編『近代日本の軌跡 10「帝国」日本とアジア』吉川弘文館、一九九四年、一五二―一七二頁。

宮地正人「森戸辰男事件――学問の自由の初の試練」我妻栄ほか編『日本政治裁判史録 大正』第一法規出版、一九六九年、二二八―二七二頁。

室伏高信「犬養の軍備縮小論」『改造』一九二二年三月号、二二〇―二三四。

室伏高信『自由主義か社会主義か』新生社、一九四六年。

室伏高信「昭和前期「教師論」文献集成22 若き教師に与ふ」上沼八郎監修、ゆまに書房、一九九三年。

室伏高信「新々憲法論」『日本』第一巻第二号（一九五二年）、二一―九。

室伏高信「杉森孝次郎と河合栄治郎」『理想』第八年第七冊（一九三五年）、五四―五八。

室伏高信『戦争私書』中公文庫、一九九〇年。

室伏高信「天皇象徴について（声なき声）」『日本及日本人』一四六七号（一九六八年）、七六―八一。

室伏高信『文明の没落』批評社、一九二三年。

室伏高信『民主主義と日本』新生社、一九四五年。

持田恵三『近代日本の知識人と農民』家の光協会、一九九七年。

森戸辰男『思想の遍歴 上 クロポトキン事件前後』春秋社、一九七二年。

森戸辰男「平和国家の建設」『改造』一九四六年一月号、三―一六。

森戸辰男『遍歴八十年』日本経済新聞社、一九七六年。

安田浩『天皇の政治史――睦仁・嘉仁・裕仁の時代』青木書店、一九九八年。

矢部貞治編著『近衛文麿』上巻、弘文堂、一九五二年。

山川菊栄「文化運動の意義」『日本文化人連盟会報』第一号（一九四六年）、二。

山田朗『大元帥・昭和天皇』新日本出版社、一九九四年。

山領健二「ある自由主義ジャーナリスト――長谷川如是閑」思想の科学研究会『共同研究転向 2――戦前篇下』平凡社、二〇一二年、二二一―二七四頁。

山領健二「ジャーナリストの転向――室伏高信論」『思想の科学』一九六二年七月号、五七―六七。

横越英一「鈴木教授における政治学」星野安三郎ほか『日本憲法科学の曙光――鈴木安蔵博士追悼論集』勁草書房、一九八七年、二八九－三〇〇頁。

吉野作造「青年将校の観たる西伯利出征軍の実状」『中央公論』一九二二年五月号、一三三－一五九。

読売新聞社編『讀賣新聞八十年史』読売新聞社、一九五五年。

ロザリオ・ロメーオ『カヴールとその時代』柴野均訳、白水社、一九九二年。

渡辺治「帝国憲法と鈴木先生――報告・ファシズムの時代と鈴木憲法学の形成」星野安三郎ほか『日本憲法科学の曙光――鈴木安蔵博士追悼論集』勁草書房、一九八七年、五七－一二六頁。

渡辺治『渡辺治著作集 第2巻 明治憲法下の治安法制と市民の自由』旬報社、二〇二一年。

和田守「ある大正デモクラットの民衆政治論とファシズムへの抵抗――馬場恒吾の言論活動を通して」『年報政治学』第三三巻（一九八二年）、一二九－一五六。

和田守「馬場恒吾と改造の時代」『大東文化大学紀要〈社会科学編〉』第五五号（二〇一七年）、九一－一〇八。

あとがき

「戦争を越える民主主義」という大仰なタイトルを掲げたのは、第二次世界大戦を通じて以下の三つの要素が日伊両国に確認できたからである。①戦前の抑圧体制にも拘わらず、民主主義の思想・運動が言論統制の中で生き残った。②軍国主義やファシズムと一線を画す陣営内部でも抗争が生じ、積極的参加による熟議の対応を迫られた。③戦争末期から直後にかけて、冷戦の進行を横目に異なる主体間のコンセンサスが形成された。これら三要素が絶妙のタイミングで組み合わさって、オッソラ共和国と憲法研究会は成立し、イタリアと日本における戦後民主主義の口火を切る。だからこそ本論では、社会科学の叙述にやや異例の「奇跡」という表現をあえて使いつつ、この稀有な経緯に着目している。

サブタイトルに目を転じると、民主主義を限られた思想家の高級品あるいは単純な多数決の制度と捉えるのではなく、人々が積極的に関与し、少数者の意見もないがしろにしない運動と熟議の側面を重視した。ゆえに、本書の主要登場人物たちの動向を分析する際にも、強力なリーダーシップを一方的に行使するパターンではなく、参加型デモクラシーの特徴に着目したのである。

しかし、それは簡単な課題ではなく、戦後を通じても試練に直面し続けてきた。

本書の意味を考える手がかりとして、かつて赴いたイタリアと日本における二つの集会を思い出す。一つは例年、イタリア各地で開催される解放記念日の集会で、まだ当時を知る生存者たちが元気なうちに証言を聞ける残された数少ないチャンスとなっていたため、訪伊の日程が許す限り出向いていた。もう一つは、処分を受けた「日の丸・君が代訴訟」の当事者が裁判に臨んでいった経緯を聞く集会で、わずか一〇人程度の出席者の一人として、厳しい日本の現状に接する機会となった。

抵抗運動の生き証人としてローマの会場に登壇した女性は、夫と息子二人が逮捕、流刑にあったが、夫との別れ際に必ず生き残って自分たちが何を目指し行動したのかを人々へ伝えていってほしいと、語り部としての役割を託されたという。実際、この種の集会には老若男女が集まり、子どもたちも親に連れられて参加し、おとなしく耳を傾けていた。そして多くの場合、各地のレジスタンス研究所などがこうした集会を積極的に協賛しており、歴史的資料を残すと同時に若い世代への啓蒙活動を担っている。また、パルチザンの戦闘が続いている時点から、自陣営に不都合な内容をふくむ文書の保存が始められ、自分たちの経験を後世にどのような形で伝えるか、について自覚的な取り組みがなされてきた。そして、集会によっては今日的事柄まで議論の俎上にのせられ、単なる昔話だけに留まらないデモクラシー運動としての歴史発掘となっている。

これと対照的に、日本での集会は憲法、戦争などをテーマとした場合、圧倒的に高齢者層の参加が目立つ。まして「日の丸・君が代訴訟」の集会では報告をした当時四〇代の当事者がもっとも若く、私が二番目に若いといった状態であった。当事者の彼は、妻や労働組合からも「もういい加減にやめる」ことを勧められていたという。そもそも集会会場も高麗博物館を間借りして実現させており、朝鮮半島の植民地支配が日本のコンフォーミズムと密接な連関をなしていた過去と符号する光景であった。ただし、参加者の中には元公立学校教員もおり、ある時期までは生徒主体による日の丸・君が代抜きの学校行事が普通で、むしろそれを妨害するために卒業式などへの政治的介入が露呈したという歴史事実が語られた。日本の場合、一旦政府のお墨付きが出て反対者が少数者になると孤立状態のまま排除される点で、戦前の抑圧環境に近づいてきている。

時は流れて、現在、イタリアも極右勢力の首班内閣となり、かつて「パルチザンは人殺し」、「ファシストにも大義があった」と主張していた人々によって政府が構成されるように変わってきた。教育相は、左派系と目されてきたイタリア全国パルチザン協会（Anpi）に対して、レジスタンスの正統性を独占していると疑義を呈している。それでも、日本の如く特定の左派政党を消滅させるのがよいといった発言におよぶ露骨さは、辛うじて見られない。協会自体がこの一年で一四万人の新規加盟者を記録しており、会長は多くの政治勢力との協力を試みてきた点を強調しているからである。教育相も、レジスタンスそのものについては、なお貴重な価値を有していると発言せざるを得なかった。（*La Repubblica*, 2023/9/30）

他方、日本においてはコロナで対面の機会が困難となっていた状況から、戦前・戦中の日本やそれに関連するテーマをめぐる集会は、さらに後期高齢者中心の様相を呈している。しかも昨今の日本では、抵抗運動などは「お上にたてつく」不届きな行為と見なされかねない。思想信条の自由さえ個々人の権利として保障されないのは、単なる一部の歴史認識で片づけられない。もはや平和の問題がデモクラシーの言説空間にさえのぼらなくなる事態が到来しているのかも知れない。たしかにコロナ以降、対面集会にこだわらない新しい形の情報発信も発展しており、相変わらず集会や活字の形式にこだわって議論を展開する古き習慣が、いつまで通用するか、高齢者の一角を占める執筆者本人も自信をもてない部分はある。さりながら、対面による双方向のコミュニケーションや、公刊物による自らの思考を確認しながら知見を広げていく営為は、少なくとも実態把握、歴史的位置づけにおいて有効ではないかと信じている。

何となれば、日本の同調圧力は島国だからといった地理的・文化的要因で当然視したり、イタリアの政治的両極分解を国民・地域性に帰してしまう傾向は、後を絶たない。こうした俗説は、拡散媒体がインターネットに変わっただけで、執拗に繰り返されている。だからこそ各章で展開してきた内容は、そうした単純化では説明が完結しない点に着目したのである。無論、これまでの考察が結局、堂々めぐりをして日伊両国の歴史的固有性論に戻ってしまっている恐れも否定できない。とはいえ、近現代君主制の有した共通性や、ナショナリズムの刻印著しい軍国主義、ファシズムといった現象を国際的視座も踏まえて、相対化しながら論じようとした。それでも、普遍的人権とあらゆる意見を等価と見なす言説が、どのような緊張関係で語られるべきかについては、今後の問いとなろう。

本書は、「パルチザンの共和国」を報告した世界政治研究会に出席してくれた有志舎の永滝稔さんが出版に関心を示したことが縁で、『憲法を作った人々』の続編として公刊が実現した。改めて感謝の意を新たにしたいが、内容に関する一切の責任は筆者にある。各章の初出は以下のとおりであるが、第一、二章はこれまでいくつかの研究会で報告も行なっており、それらを加筆修正している。

第一章　The Axis Reconsidered: Global Fascism, Mutual Representations, and Cultural-Political Relations'、二〇二三年一〇月一四－一五日、京都産業大学において初日 Panel I: New Perspectives on the Axis and

Global Fascism で英文報告："A Comparison of Pre-War Monarchies in Japan and Italy"。
第二章　「パルチザンの共和国――イタリア戦後民主主義への道程」『千葉大学法学論集』第三六巻第三・四号（二〇二二年）、一－四八。
第三章　書き下ろし

大学をめぐる環境が厳しさを増している中、両親の介護も加わり、千葉大学の同僚、事務の方たちからは多くの支援を賜ったことについて、心より謝意を表したい。また、様々な面でお世話になった各地域の文書館および以下の各氏（姓の五十音順）にお礼を申し上げる。安達亜紀、アンドレア・サバ、リンダ・ジェルミ、末益智広、塚目孝紀、パトリツィア・トーダロ、ニコラ・バッソーニ、藤田貴士、アントニー・ベスト、ダニエル・ヘディンガー、パトリツィア・ベルトレッティ、和田萌。とくに末益智広さんには図表、参考文献一覧の作成、出張調査関連の作業を手伝ってもらい、そうした仕事に疎い筆者を助けてくれたおかげで、本書の改善に大きな役割を果たしてくれた。なお本書は、科学研究費補助金・基盤研究（C）の「イタリアと日本の政治変動パターンの比較研究――政治、経済、社会運動、フェミニズム」（代表・後房雄教授）より財政的支援を受け、研究成果の一部となっている。

二一世紀の私たちも、自分たちの犯した過去の過ちをどれだけ克服し、新たな政治的地平を築いていけるのか、という試練になお対峙し続けている。キナ臭さが増している世界情勢の中で、内にこもらず、他者を攻撃せず、自らを客観的に捉える力量が問われている。「戦争を越える民主主義」という課題は、まさに暴力に直面している時代だからこそ試されるのである。

二〇二四年三月　強権的な抑圧が続けられながら実施された総選挙から百年後の春に

石田　憲

索　引

〈事　項〉

ア　行

カ　行

サ 行

タ 行

ナ　行

ハ　行

マ　行

ヤ 行

ラ 行

〈人 名〉

ア 行

カ 行

サ 行

タ 行

ナ 行

ハ 行

マ 行

ヤ　行

ラ　行

ワ　行

著者紹介
石田　憲（いしだ　けん）
国際基督教大学教養学部卒業
東京大学大学院法学政治学研究科博士課程単位取得満期退学、博士（法学）
大阪市立大学法学部助教授を経て、
現在、千葉大学大学院社会科学研究院教授
［主要業績］
『膨張する帝国 拡散する帝国――第二次世界大戦に向かう日英とアジア』（編著、東京大学出版会、2007年）
『敗戦から憲法へ――日独伊 憲法制定の比較政治史』（岩波書店、2009年）
『ファシストの戦争――世界史的文脈で読むエチオピア戦争』（千倉書房、2011年）
『日独伊三国同盟の起源――イタリア・日本から見た枢軸外交』（講談社選書メチエ、2013年）
Japan, Italy and the Road to the Tripartite Alliance (Palgrave Macmillan, 2018)
『戦後憲法を作った人々――日本とイタリアにおけるラディカルな民主主義』（有志舎、2019年）

戦争を越える民主主義
――日本・イタリアにおける運動と熟議のデモクラシー――

2024年6月30日　第1刷発行

著　者　石田　　憲
発行者　永滝　　稔
発行所　有限会社　有　志　舎
〒166-0003　東京都杉並区高円寺南4-19-2
クラブハウスビル1階
電話　03（5929）7350　FAX　03（5929）7352
ＤＴＰ　言 海 書 房
装　幀　伊 勢 功 治
印　刷　モリモト印刷株式会社
製　本　モリモト印刷株式会社

ISBN978-4-908672-75-0